JN066378

1万冊を読んでわかった
本当に人生を変える方法

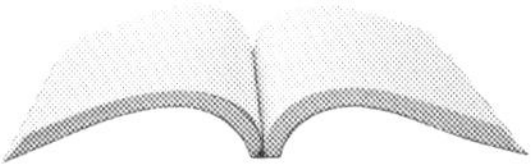

# 「読む」だけで終わりにしない読書術

アスコム

人生の質は
「読書」で
決まります

・もっと成長したい
・集中力や記憶力など
仕事に役立つ能力が上げたい
・健康やダイエット、ライフプラン、
老後資金、お金の問題など
生活の課題を解決したい
・キャリアや生き方など
後悔のない人生を送りたい

本は多くのことを
かなえてくれます。

しかし、本を読むだけでは
何も変わりません。
本を読んでも知識が増えるだけ。
そう、人生を変えるために
やるべきことは
たった1つ。
本を読み、実践《じっせん》することです。

僕たちは今でこそ
海外に居住し、
YouTubeに動画を投稿しながら
会社を経営していますが、
本に出会う前は、
何もできない2人でした。
生まれつき体が弱く、小・中学校に
満足に通えず、高校も中退。

体調の悪さから
自由に動くこともできず、
長くニート生活を送っていました。
しかし、本を読み、
少しずつ実践していくことで
体調も少しずつよくなり、
そして医学部へ入学できました。
本の力がなければどうなっていたか。
今でも寝たきりだったかもしれません。

本には間違いなく
人生を変える
力があります。

どんな課題も夢もかないます。
不安も不満も消してくれます。

この読書術があれば
速読も多読もいりません。
1ページ目から読む必要もありません。
短時間の読書でも構いません。
「読むだけで終わり」にしなければ、
よりよい未来は目の前です。

# 学ぶだけでは
# 生き残れない時代の
# 新常識。

それは、本を「読む」ものから
「実践する」ものに変えること。

「読む」→「実践する」を
最速で達成するために。
1万冊以上の本を読み、
あらゆるメソッド、思考法を
検証&実践してきた
僕たち「本要約チャンネル」の
読書術をお伝えします。

# はじめに

## 速読や多読などの「読書術」は必要ない
## 必要なのは、本を読み「実践できる」読書術

こんにちは。

「本要約チャンネル」を運営している、ＹｏｕＴｕｂｅｒのたけみとりょうです。

詳しいことはあらためてお話ししますが、僕たちはそれぞれ、心身の不調に長年苦労し、20歳を過ぎて入学した、某大学の医学部で知り合いました。

それまで歩んできた人生がどこか似ていたこと、読書が好きだったことからすっかり意気投合し、二人でさまざまなビジネスを行い、今は共に海外に移住しています。

本要約チャンネルは「読書の素晴らしさを、一人でも多くの人に知ってほしい」と思い、

2019年12月に立ち上げたチャンネルです。
僕たちが読んで「参考になる」「役に立つ」と思った本のポイントをお伝えしており、2021年11月時点で、約75万人の方にチャンネル登録していただいています。

そんな僕たちがこの本でお伝えしたいのは、「実践する読書術」「本を『読む』だけで終わりにしないための読書術」です。

突然ですが、みなさんは、「本を読むのが遅いから」と、読書に対して苦手意識を抱いていたり、「もっと早く、たくさんの本を読めるようになりたい」と思ったりしていませんか？

本要約チャンネルの視聴者の方からも、よくこうした声が寄せられますが、僕たちは、ただ早く本を読むこと、ただたくさん本を読むことには、あまり意味がないと考えています。
なぜなら、どれほど早く、たくさん本を読んだとしても、「読む」だけで終わりにしていたら、単に知識や情報が増えるだけだからです。

大事なのは、冊数自体は少なくても、目的を明確にして本を読み、「これはいいな」「効果がありそうだな」と思うメソッドを見つけたら実践し、効果を検証すること。
それができれば、明らかに生活が変わり、人生が変わります。
そうなれば、先ほどのような悩みはどうでもよくなりますし、僕たちはそのお手伝いをしたいと思っています。

## 答えのない社会で生きぬくための新常識

僕たちがこの本の中でおすすめする、「目的を明確にして本を読み、書かれているメソッドを実践し、効果を検証する」という読書法は、実は今、社会によって求められていることでもあります。

ＯＥＣＤ（経済協力開発機構）が実施する「生徒の学習到達度調査」（Programme for International Student Assessment、以下ＰＩＳＡ）は、ＯＥＣＤ加盟国の多くで、義務教育の終了段階にある15歳の生徒を対象に、読解力、数学知識力、科学知識力、問題解決力を調査するものであり、２０００年以降3年ごとに行われています。

つまり、ＰＩＳＡでは、実生活で直面するさまざまな課題に対し、知識や技能をどのくらい活用できるかが評価されるのですが、特に読解力に注目すると、2000年時点では8位だった日本の子どもたちの読解力が、2003年には14位に落ちています。

この結果をもとに、国立教育政策研究所の有元秀文さんは、論文『日本の高校生のPISA読解力と科学的リテラシーの課題』の中で、日本の子どもたちのPISA型読解力が低い原因の一つとして、「オープンエンドの問いに慣れていない」ことを挙げています。オープンエンドの問いとは、答えが一つに決まっておらず、一人ひとりに異なる意見を書かせるような問いのことです。

日本では、自由記述問題であっても、ある程度答えが決まっていることが多く、子どもたちは「答えが決まっていない問い」に慣れていないのです。

しかし、学生の間は「答えが決まっている問題」に正確に答えることができればいい成績をとることができますが、社会に出たとたん、状況は一変します。

社会で直面する課題は、答えのない、オープンエンドのものばかりだからです。

そのため、社会生活の中で何らかの課題にぶつかると、思考が停止してしまったり、「正解にたどり着かなければ」と思うあまり、何も行動がとれなくなってしまったりする人はたくさんいます。

でも、それでは何も解決しません。

人生の課題は、実際に行動することでしか乗り越えられないからです。

読解力を磨くこと、オープンエンドの課題に立ち向かえるようになることで、人生の質は大きく変わるといえるでしょう。


そして、僕たちが「『本を読むこと』を目的にしても意味がない」「『読んで終わり』にするのはもったいない」と思うのも、本で得た知識を実践し、検証し、日々の生活の中で効果的に活かすことができてはじめて、その本を読んだ意味が生まれると考えているからです。

## ビジネス、キャリア、ライフプラン、健康、マネー どのジャンルでも自分なりの答えを導き出せる

人は生活する中で、さまざまな問いや課題に直面します。

「どうすれば健康に生きられるのか」

「どうすれば楽しく効率よく働くことができるのか」

「どういう結婚が幸せなのか」

こうした問いに対する答えは、そう簡単には出ないでしょう。

もしかしたら、正解は一生わからないかもしれません。

それでも、これらすべてに対して、正解かどうかはわからないながらも、自分なりの答えをもっておくことは大事です。

その「自分なりの答え」こそが、自分らしい人生、満足度の高い人生を送るうえでの指針となるからです。

そして、本を読み、実践することは、ビジネス、キャリア、ライフプラン、健康、マネーなど、あらゆるジャンルで、自分なりの答えを導き出すための材料となります。

## 「読む」だけで終わりにしない読書術で、人生は大きく変わる

ただ、現在の日本人の読書量はさほど多いとはいえません。

文化庁が2019年に実施した「平成30年度『国語に関する世論調査』」によると、「1か月に大体何冊くらい本を読むか」という問いに対し、「読まない」と答えた人が47・3％で「1、2冊」と答えた人が、37・6％。

楽天ブックスが調査・発表した「2018年　ビジネスパーソンの月あたり読書量」でも、「月0・5冊未満」（年6冊未満）と答えた人が42・1％。

文部科学省の別の調査によれば、日本人の平均年間読書本数は12〜13冊とのことです。

本を読み、しかも内容を実践している人は、さらに少ないでしょう。

これは、とてももったいないことだと思います。

もちろん、すでにお伝えしたように、いたずらに多読する必要はありませんが、本には素晴らしい可能性があります。

そして、僕たちは「本を読み、そこで学んだことを実践すれば、人生が好転する」ことを、身をもって知っています。

みなさんはなぜ、この本を手に取ったのでしょうか？

「これまでの読書の仕方ではだめだ」
「今のままの人生じゃだめだ」

そう思ったからではないでしょうか？

そんなみなさんの読書の仕方や人生を変える究極の読書術が、この本には詰まっています。

読んだ内容を実践し、「読む」だけで終わりにしない読書術。
それは、まさしく人生を変える読書術、みなさんの人生を切り開く読書術であり、この本には、そのすべてを余すところなく詰め込んであります。

科学的な根拠に基づいた方法論と、僕たちが独自に行ってきた秘伝の読書法をミックスし、さらにブラッシュアップして、誰でも実行可能な、再現性のあるテクニックに落とし込む。

この作業に膨《ぼう》大《だい》な時間を費やしました。

本を読む目的を明確にし、自分にとって最高の一冊を見つける「目的型読書」。効率よく本を読み、実践しやすい状態をつくる「ドーパミン読書」「ランニング読書」「能動型読書」「分散型読書」「マインドセット読書」。

この読書術のゴール地点ともいえる「レコーディング読書」。

これら7つの読書術を活用すれば、みなさんは本で得た知識を実践することが楽しくなり、生活の質を高め、人生を変えることができるはずです。

ぜひ、「読む」だけで終わりにしない読書術で、最高の未来を手に入れてください。

# 目次

「読む」だけで終わりにしない読書術
1万冊を読んでわかった本当に人生を変える方法



## 第1章 「読む」だけで終わりにしない7つの読書術

## 第2章 「読む」だけで終わりにしない読書術 実践編「レコーディング読書」

第3章

# 1万冊を読んでわかった「本当に人生が変わる」5つの最強習慣

第4章

# 1万冊の中から選んだ、僕たちの人生を変えた最強の3冊

# 第1章

# 「読む」だけで終わりにしない7つの読書術

読書術

# 1

# 自分にとって最高の一冊を見つける「目的型読書」

Point

どの本を読めばいいかわからない。

⬇

本要約サイトを活用して知識を増やし、
本を読む目的を掘り起こし、具体化し、明確化する。

⬇

表紙や帯、目次、著者のプロフィール、まえがき、
書評、読者レビューなどをチェックし、
目的に合致する本を絞り込む。

⬇

その本が、自分にとって最高の一冊になる!

## 読書が成功するかどうかは、本を買う前に決まる

本要約チャンネル流読書術の一つめは「目的型読書」です。

これは、

・本を選ぶ前に、本の要約サイトを活用し、本を読む目的を具体化・明確化する
・本の表紙や帯、目次、著者のプロフィール、まえがき、書評、読者レビューなどをチェックし、目的に合致する本を絞り込む

というものです。

目的型読書は、「本を『読む』だけで終わりにしない」ための、非常に重要なステップであり、目的型読書を実践すると、まず、

「読書で知識を増やしたい、人生を変えたいと思うけれど、どの本を読めばいいかわからな

い」
「本を読むといつも数ページで飽きてしまう」
「悩みが解決し人生が変わるという期待をもって本を読んだのに、役に立たなかった」

といったことがなくなります。

本との出会いは、いつどんな形で訪れるかわかりません。
目的もなく、なんとなく書店に行き、棚を眺め、「売れているから」「ふと目についたから」といった理由で買った本が、新たな世界の扉を開いてくれたり、あなたにとって人生を変える一冊になったりすることもあるでしょう。

しかし、そのようななりゆきで買った本は、時間を費やして読んでもピンとこなかったり、あまり役に立たなかったり、あるいは数ページ読んだだけで、飽きて投げ出してしまったりする可能性も十分にあります。
それでは**時間とお金のムダ遣い**になってしまいますし、もともと本を読むことがあまり得意でない人は、ますます本が嫌いになってしまうかもしれません。

その点、本を選ぶ際に、さまざまな情報をもとに、本を読む目的を具体化・明確化し、その目的に合致する本、信頼性の高い本、読みたくなるような本を選ぶことができれば、その本があなたの人生を変える、**あなたにとって最高の一冊になる**可能性が高まります。


本は、たくさん読めばいいというものではありません。

たとえあなたが忙しくて、もしくはあまり読書が得意ではなくて、年に数冊しか本を読めなくても、何のために読むかをはっきりさせ、それに合致する本を選ぶことで、十分に価値のある読書体験をすることができます。

買って読んでから「その本が役に立つかどうか」を判断するのではなく、買う前に判断を終えておくことで、その読書の成功率は飛躍的に高まるのです。

## 自分の課題を解決してくれる本の探し方

では、本を読む目的をいかに具体化・明確化するか、どうやって目的に合致する本を見つけるかについて、詳しくお話ししましょう。

まず、ここでいう「目的」とは、基本的には「本を読むことで、どんな課題を解決したいのか」「どのような効果を得たいのか」といったことを指します。

たとえば、「健康になりたい」「お金を増やしたい」「事業を起こしたい」など、すでに本を読む目的、つまり、本を読むことで解決したい課題がある人は、もう少しその課題を深掘りしてみましょう。

「健康になりたい」なら、特定の病気や体の不調を改善したいのか、健康に悪いものを排除したいのか、食事を管理して健康になりたいのか、運動によって健康になりたいのか。

「お金を増やしたい」なら、節約術や貯金術を知りたいのか、投資をしたいのか。

さらに、投資なら、株を買うのか投資信託を買うのか、不動産投資をしたいのか。

それによって、読むべき本は変わってきますし、目的を具体化すればするほど、読むべき本を絞り込むことができるようになります。

「解決したい課題が見つからない」という人は、あらためて、自分自身や自分の生活、人生に関して不満に思っていること、「もっと～だったらいいのに」と思っていることがないか、考えてみてください。

「もっと料理がうまかったらなあ」「もっと痩せたいなあ」「もっと仕事に集中できたらなあ」など、なんでもかまいません。

「こんな内容でいいのかな」などとストッパーをかけず、自分の気持ちに正直になってみてください。

不満や願望こそ、『本を読む目的』の種なのです。

そのうえで、「どのような料理の腕を磨きたいのか」「どのようなダイエット方法なら無理せず続けられそうか」といった具合に、この種をさらに具体的に掘り下げてみましょう。

## 自分一人でゼロから探したり考えたりするのは時間のムダ

本を読む目的（解決したい課題）を掘り下げる際に役にたつのが、本の要約サイトです。

「本要約チャンネル」を運営している僕たちですが、ほかの本要約サイトや要約記事なども、よくチェックしています。

「その本が、自分が読むべき本かどうか」を判断するうえで、本の内容を誰かがかみ砕いて説明してくれている記事や動画は、非常に参考になります。

あるいは、そうしたサイトを見て「読みたい」「もっと内容を詳しく知りたい」と思ったものを買うことも、よくあります。


本要約サイトのメリットは、「本そのものを読まなくても、ある程度の知識を手に入れることができる」点にあります。


食べたことがないジャンルの料理の味が想像できないように、まったく知らないジャンルについて考えを深めようとしても、限界があります。

たとえば、投資商品や投資方法には、株式、債券、投資信託、不動産、ＮＩＳＡ、ｉＤｅＣｏなど、さまざまなものがあります。

あなたが投資をしたいと思ったとき、投資についてまったく知識がなければ、投資にいろいろなやり方があることも、そのうちのどれがあなたに合っているかもわかりません。

投資の基礎知識的な本やネットの記事を読めば、投資の種類やそれぞれの内容は把握《はあく》できるかもしれませんが、より詳しい情報や精度の高い情報を得るためには、専門家が書いた本を読むのが一番です。

ただ、おそらくほとんどの人は、なかなかすべての投資方法についての本を読むことはできないでしょう。

そのようなときに役に立つのが、本要約サイトです。

本要約サイトで、さまざまな投資に関する本の要約を眺めるうちに知識が増え、「できるだけリスクが少ない方法がいい」「不動産投資は自分には合わない」など、考えがどんどん具体化されていき、「投資でお金を増やしたい」という漠然《ばくぜん》とした思いが、「つみたてNISAで投資信託の運用をしたい」といった具体的な目的に変化していくはずです。


また、「FIRE」（Financial Independence, Retire Early の略で、経済的に自立し、早期リタイアすること）や「プロセスエコノミー」（完成品ではなく、過程を見せて、顧客を巻き込むこと）など、世の中では次々に新しい考え方が生まれています。

僕たちはこうした新しい考え方、新しいジャンルについて知りたいと思ったときも、たいてい、FIREやプロセスエコノミーについて書かれた本の要約をチェックします。

そこで、「FIREやプロセスエコノミーについての本には、だいたいどんなことが書かれているか」を確認し、特にひっかかるものがなければ、そのジャンルに関する本は読みませんし、「FIREにからめて、こういうことをやりたい」「プロセスエコノミーについてもっと知りたい」といった考えが浮かんだとき、つまり目的が生まれたときには、「その**ジャンルに関する本の中で読むべきものを探す**」というステップに進みます。

●本の要約サイトで人生の目標や方向性について思考を深める
●自分の中にある潜在的な欲求や知識欲、願望を洗いだす

←

◎人生そのものを変えるほどの本に出会う
◎新しい自分に進化する

そういった準備をせずに、知らないジャンルの本を「なんとなく」買ってしまうと、結

局、時間やお金のムダになりかねません。

本要約サイトなどを上手に活用することで、知識を広げ、「自分はどんなことに向いているのか」「自分はどんなことをやりたいのか」と考えを深め、本を読む目的を具体化させることは、より良い一冊を見つけるための第一歩なのです。

## 自分の中に眠る潜在的な欲求を引き出す

本要約サイトは、「本を読みたいと思っているけれど、何を読んだらいいかわからない」「本を読む目的が見つからない」「本によって解決したい課題が見つからない」という人にとっても有効です。


読書術の本には、よく「目的を明確にしてから本を読みましょう」と書かれていますが、やりたいことや解決したい課題が見えている人ばかりとは限りません。

中には、なんとなく「このままじゃいけない」「人生を変えたい」「何か新しいことを始めたい」と感じていて、そのために本を読もうと思っている人もいるでしょう。

112ページのコラムに記したように、「目的がなく、何を読んだらいいかわからない」という人は、まず自己啓発の本を読んでみるというのも手ですが、もっと具体的に「今、本を読む目的」を見つけたいという人は、ぜひ本要約サイトをランダムに眺めてみてください。

複数の本要約サイトをブックマークし、しばしばチェックしてみるのもいいでしょう。

さまざまな本の要約を読んでいるうちに、心にひっかかるもの、興味が湧《わ》いてきたもの、「やりたい」と思ったことがあれば、メモしましょう。

僕たちがおすすめする「目的型読書」は、ただ「目的をもって本を読みましょう」「目的に合う本を探すために、本要約サイトや目次などをチェックしましょう」といったものではありません。

「本を読む目的」そのもの、ひいては人生における目標、進むべき人生の方向性などを掘り起こすことも、目的型読書の重要な役割の一つです。

**誰の中にも、自分でも気づいていない潜在的な願望や目標、興味、趣味嗜好《しこう》、可能性などが眠っています。**

本要約サイトなどを見ることで、そうした潜在的な欲求、本を読む目的を発見すること。

それをもとに、潜在的な欲求や目標を実現するのにもっともふさわしい本を探し、読み、実践し、人生を変えること。

それが、目的型読書の目指すべき着地点なのです。

目的を持つのは難しいことですが、そこをクリアすれば、読書の質は跳ね上がります。

なお、本を読む目的（その本を読むことで何が得られるか）が見えてきたら、それを文章にしてみてください。

文章化することで、「目的が、まだ漠然としているな」「もっとこういうことを詳しく知りたいな」とわかることもありますし、読書中に迷いが生じたりモチベーションが下がったりしたとき、それを見れば、そもそもの目的を思い出すことができるからです。

## 役に立つ本を選べば時間もお金もムダにならない

本を読む目的が具体化・明確化したら、目的に合致しそうな本の要約を読んだり、書店やＡｍａｚｏｎ、楽天ブックスなどで候補となりそうな本をチェックしたりして、買うべき本、読むべき本を絞り込んでいきます。

その際、ぜひおさえていただきたいのが、以下の項目です。

・表紙や帯
・目次
・著者のプロフィール
・まえがき
・書評や読者レビュー、ブログ、SNS

タイトルや帯に書かれている文章は、本の内容を知る最初の手がかりになりますし、目次を見れば、その本に何が書かれているかが、だいたいわかります。

目次に心惹《ひ》かれない本は、読まなくていい本だと僕たちは考えています。

目次は、コース料理のメニュー表のようなものです。

メニュー表を見て「これはどんな料理だろう」「早く食べてみたい」と思えば、料理が出てくるのが待ち遠しくなり、しっかりと味わおうという気持ちになるように、目次を見て「ここにはどんなことが書かれているんだろう」「早く知りたい」と思えば、モチベーションが高まって、「すぐにでも読もう」という気持ちになり、読書にも集中できるでしょう。

逆に、目次にまったくワクワクできなければ、買ってはみたものの、なかなかページを開く気にならなかったり、読んでも中身が頭に入ってこなかったりするはずです。

たとえそれが、どれほど人気があるベストセラー本であっても、目次を見て、気になる項目がまったく見当たらない本は、僕たちは読みません。

目次で心が躍らない本は、今の自分にとっては不必要な本なのです。


次にチェックしたいのが、著者のプロフィールです。

世界にはたくさんの本があり、その中には、間違った情報が書かれているものも混じっています。

もちろん、プロフィールや肩書きだけで判断しきれるものではありませんが、目的に合いそうな本がいくつか並んでいて、どれを選んだらいいかわからない場合、「著者の、その分野における実績」「著者がその分野に関して、過去にどのような本を書いているか」といったことは、その本の信頼性の高さを判断する一つの基準になるでしょう。

そして、まえがきも、本の内容を知り、信頼性の高さを判断する材料となります。

まえがきには、著者が伝えたいことの要点や、本全体の構成が書かれていることが多いからです。

実際、僕たちは、まえがきを読んで、文体が自分に合うかどうか、知らない情報や惹きつけるもの、読みたいと思わせるものがあるかどうかを確認していますし、目次を見て、だいたい内容の想像がつき、かつ、**まえがきやあとがきが面白くないと感じたときは、その本は読まないようにしています。**


書評や、Ａｍａｚｏｎや楽天ブックスなどの読者レビュー、本の感想が書かれたブログ、ＳＮＳも参考になるはずです。

特に、同じような悩みや課題、目的意識を持っている人からの投稿があれば、それらが本を読むことによってどの程度解決したのか、確認しましょう。

ただ、レビューにはしばしば、著者の身内が書いたものや、単に著者が嫌いなだけで、本をまったく読まずに書かれたアンチコメントなども混じっているため、注意が必要です。


**ほかに、本を選ぶ際のポイントとなるのは、「難しくないこと」。**

特に、読書に慣れていない方、読書に苦手意識を持っている方は、いきなり難しい本に手を出すのはＮＧです。

ほとんど読まないまま終わってしまうだけでなく、読書に対する苦手意識がさらに強くなるおそれがあります。

まえがきや、冒頭の数ページを読んでみて、「難しい」「すぐに理解できない」と思ったら、ほかの本をあたりましょう。

翻訳ものの本だと、日本語の文章がこなれておらず、まわりくどく感じることもあります。残念ですが、そのような場合も、類書を探しましょう。

なお、本選びに時間がかかるのは、最初のうちだけです。

ある程度本を読み慣れてくれば、目次や表紙、概要《がいよう》などをパッと見ただけで、その本が必要かどうか、ある程度判断できるようになるはずです。

## 本は有能だが万能ではない

これまで見てきたように、目的型読書は、

①本要約サイトなどを活用しつつ、本を読む目的や本を読むことによって得たい効果を、（自分の中に眠っているときは、掘り起こし）具体化・明確化し、文章化する
②本の表紙や帯、目次、著者プロフィール、まえがき、書評、読者レビューなどをチェックして、明文化した「本を読む目的や、本を読んで実現したいこと」に合致する本を選ぶ

というものです。

こうしたことを行わず、ただ「みんなが読んでいるから」といった理由で、書店などでなんとなく本を買っても、それがあなたにとって重要な一冊になる可能性は低いでしょう。

もちろん、書店に並んでいるどの本にも、誰かを変える可能性はあります。

ただ、「今、自分がその学びを必要としているかどうか」で、その本の価値は変わります。

だからこそ、本気で本を選ぶことが大事なのです。

きちんと選ぶことができれば、たとえ年に数冊しか読まなくても、人生は変わります。

●本を読めば、人生が変わるのではない
●受け身の読書は、時間がもったいない

←

◎自分の手で、人生が変わる本を見つけることがもっとも重要
◎受け身ではなく能動的な選書を

逆に、「本を読んだのに役に立たなかった」という人は、本の内容が目的に合っていなかったか、あるいは「本が勝手に、潜在的な欲求や目標を見つけてくれる」ことまで期待していたのかもしれません。

しかし、残念ながら、行き当たりばったりで本を読んでも、新しい自分に出会えたり、人生が変わったりすることはなかなかありません。

まず、どういう自分になりたいか、どういう未来を実現したいかをある程度固めてから本を読むことで、リアルに新しい自分や新しい知識が手に入るのです。

本は非常に有能ですが、万能ではなく、なんでもやってくれるわけではありません。

本を有能にするかどうかは、読み手にかかっているのです。

そして、この章でお伝えする7つの読書術を実践することで、読書が「読むだけで終わり」にならないのは、最初に目的を具体化・明確化するからです。

目的をはっきりさせ、それに合致する本を選ぶから、「読んでよかったら実践しよう」ではなく、「この本は自分にとって役に立つ」という確信を持ち、「実践したいから本を買おう」と考え、買った本を読むこと、書かれているメソッドを実践することが楽しみになるのです。

人は納得しないと行動できません。

納得したうえで一冊を買うか、なんとなく一冊を買うかで、本を読んだ後、「読むだけで終わり」になるかどうかが決まります。

ですから、目的を具体化・明確化し本を選ぶプロセスには、読書と同じくらい時間をかけてもかまいません。

本要約サイトで情報を探している間にも知識は増えていきますし、本を探すこと自体が、あなたの成長につながります。

目的型読書は、目的を具体化・明確化することを通して人生の目的をクリアにするものでもあり、新しい人生に向けて一歩進むための方法でもあります。

本を買う前の準備を十分に行う時間と、本を買うお金、そして本を読む時間だけで、あなたは自分の進むべき道をクリアにし、行動をスタートできるのです。

読書術

# 2

# 熱がさめないうちに読み、効果を高める「ドーパミン読書」

Point

本を買った瞬間は、
「人生を変えたい」というモチベーションが高い。
⬇
脳内に、快楽物質「ドーパミン」が分泌されている。
⬇
ドーパミンの力を利用すれば、
読書の効果が高まる！

## 本当に有益な読書をするために

本要約チャンネル流読書術の二つめは「ドーパミン読書」です。

やることは、ごくシンプル。

・本を買ったら、熱がさめないうちに、すぐに読む

ただそれだけで、読書の効果は飛躍的に高まります。

「何らかの課題を解決したい」「人生を変えたい」と思って本を買った瞬間、脳内には「ドーパミン」という物質が分泌されています。

そしてドーパミンが分泌されていると、脳は頑張って何かを達成することに快楽を感じ、記憶力なども高まるといわれています。

たとえば、みなさんの中に、次のような人はいませんか？

「本を買ったことで安心してしまい、読まずに終わった本がたくさんある」

「役に立ちそうだと思って本を買ったのに、忙しくてなかなか読書の時間がとれず、しばらくたってから読んだら、あまりピンとこなかった」

「ドーパミン読書」を実践すれば、せっかく買った本をムダにしないどころか、最大限に活用することができるようになります。

## ドーパミンをコントロールしよう

では、ドーパミン読書の効果やメカニズムについて、もう少し詳しくお話ししましょう。

大学時代、生物学の授業で脳内物質について学んで以来、僕たちは、脳内物質が人間の心身にもたらす作用に興味を持ち、『脳内麻薬 人間を支配する快楽物質ドーパミンの正体』（中野信子著、幻冬舎新書）や『スマホ脳』（アンデシュ・ハンセン著、久山葉子訳、新潮新書）など、さまざまな本を読んできました。

脳内には、アドレナリン、ノルアドレナリン、セロトニン、オキシトシンなど、さまざまな物質が分泌され、人間の思考や行動に影響を与えていますが、ドーパミンは、

・モチベーションが高まっているとき
・好奇心が働いているとき
・新しいことを始めるとき
・楽しいことをしているとき
・目的を達成したとき
・他人からほめられたり感謝されたりしたとき
・おいしいものを食べているとき
・ときめきを感じたりセックスに興奮したりしているとき
・ギャンブルやゲームに夢中になっているとき

などに分泌されます。

真摯《しんし》に努力し目的を達成したときも、目の前の快楽におぼれているときも、脳内では同じドーパミンが分泌されているのです。

ドーパミンは、「頑張った自分へのご褒美《ほうび》」として分泌されるものです。ドーパミンが分泌されると、脳の前頭前野《ぜんとうぜんや》が興奮して、人は幸福感や満足感、充実感を抱き、「もう一度その幸福感を味わいたい」と思うようになります。

ドーパミンが「快楽物質」「脳内麻薬」とよばれるのは、そのためです。

ギャンブルやゲーム、アルコール、タバコ、薬物、買い物、SNSなど、快楽によって手っ取り早くドーパミンが分泌され、それが常態化《じょうたい》すると、依存症に陥《おちい》ってしまう危険性があります。

しかし、新しいことにチャレンジするときや、努力し目的を達成したときにドーパミンが分泌され、幸せを感じると、人はもう一度その幸せを味わうため、さらなるチャレンジをしたり、次の目的に向けて努力を重ねたりするようになります。

そして、チャレンジや努力が苦労や辛いものではなく、楽しく感じられるようになります。ドーパミンをうまくコントロールすれば、目的達成型の人間になることができるのです。

## 集中力も記憶力も高まる

目的に合った本を買う瞬間、あなたは「これで課題が解決できるかもしれない」「これで人生が変わるかもしれない」という期待感に満ちており、脳内にはすでにドーパミンが分泌されています。

その状態で本を読めば、「本を読む」という目的を達成したこと、自分が欲しかった新しい知識を手に入れたことで、さらにドーパミンが分泌され、本を読むことに喜びを感じ、**「本の内容を実践してみたい」というモチベーション**も高まります。

また、ドーパミンには、集中力や記憶力を高めてくれるという働きもあります。

精神科医の樺沢《かばさわ》紫苑《しおん》先生は、『読んだら忘れない読書術』（サンマーク出版）の中で、次のように書かれています。

「ドーパミンは、私たちのモチベーションを高めてくれる重要な物質であり、かつドーパミンが分泌されると記憶力も高まるのです。幸福な瞬間をより多く記憶できれば、私たちは幸せに生きることができます。幸福物質であるドーパミンが記憶を促進するというのは、人間が幸福に生きるために組まれたプログラムともいえます」

ですから、本を買ったらとにかく、その日のうちに読み始めてください。

どんなに忙しくても、たとえば、**必要な箇所を15分だけ**集中して読むくらいならできるのではないでしょうか。

「目的を設定し、それに合った本を買い、すぐに読む」ことで、読書への集中力や満足度が高まり、本の内容が脳内にインプットされやすくなり、本に書かれていることを実践しやすくなるのです。

## 読書は自分の目的をかなえるための手段

なお、読書術①で目的をはっきりさせると、「今、読むべき本」が明確になり、本選びで失敗することが少なくなるだけでなく、「読むべき箇所」も効率よく探すことができます。

みなさんは、次のような経験をしたことはありませんか？

「ダイエットをしようと思い立ち、ダイエット本を何冊か買ったけれど、どれも導入部を読んだだけで飽きてしまい、結局何もしていない」

「資産を増やそうと思い立ち、投資の本を何冊か買ったけれど、忙しくてなかなか読めず、いまだに投資を始めていない」

このような読み方をする人は、読書を手段ではなく、目的にしてしまっています。

「本をちゃんと読まなければ」という意識が強すぎるのです。

僕たちは、健康本やビジネス本、自己啓発本などを読む意味は、「本を読むこと」自体にあるわけではなく、「本に書かれている内容をもとに行動すること」にあると考えています。

つまり、読書は、あくまでも「ダイエットしたい」「資産を増やしたい」といった目的を達成するための手段にすぎません。

そして、「結論」（本当に伝えたいことや、役に立つ情報など）だけを書いている本はほとんどありません。

必ず、その結論に至った背景や理由、周辺情報などが書かれています。

「本をちゃんと読まなければ」と思うあまり、頭から順番に読み進め、結論に至る前、行動に移す前に挫折してしまっては本末転倒です。

僕たちは、モチベーションを高める自己啓発系の本は、最初にまえがきを熟読して著者の考えを把握し、健康やお金に関する本は、すぐに実践部分を読むようにしています。


〈本要約チャンネル流・ジャンルごとの読書順〉

・**自己啓発本**
まえがきで著者の考えを把握してから、自分の課題が解決されそうな箇所、モチベーションが上がりそうな箇所を読む。

・**健康本・投資などお金に関する本**
まず実践の方法（メソッド）が書かれた箇所を読み、裏づけが知りたいとき、より詳しい情報が知りたいときは周辺部分を読む。

・**ビジネス本**

自分の課題が解決されそうな箇所を拾い読みする。

どんな本でも、隅から隅まで読む必要はありません。

「本を全部読まなくても、一つでも有益な情報が手に入れば、1500円の価値はあった」と考え、目次を見て、あるいはパラパラとページをめくってみて、本を買ってすぐ、「人生を変えたい」というモチベーションが高いうちに、まずは自分の知りたい情報を読みましょう。

結論を読み、実践するかどうかを判断する際に、あるいはためしに実践したうえで、「腑に落ちない」「うまくいかない」「何か違う」と思ったら、あらためてほかの部分を読めばいいのです。

読書術

# 3

# 脳の疲れをとり、読書への集中力を高める「ランニング読書」

Point

読書に集中できず、内容が頭に入ってこない。

⬇

5分間のランニングをする。

⬇

集中力が復活し、内容の理解度が高まる！

## どれだけ疲れていても本が読める

本要約チャンネル流読書術の三つめは「ランニング読書」です。

これは、

・本を読む前に、5分間の軽いランニングをする

というものです。

ただそれだけで、集中力が高まります。

みなさんには、こんな経験はないでしょうか？

休日の天気のいい午後。

はじめのうちは、「勉強をしたい」「本を読みたい」という前向きな気持ちがあった。

それなのに、一歩が踏み出せず、気がつけば何をしたわけでもなく、一日が終わってしまった。

そして、せっかくの休日がもったいないと思いつつ、また仕事に明け暮れる日々が始まり、結局本を読まずに過ごしてしまう……。

こうした「小さな後悔」は、ランニング読書をすればなくなります。

たった5分、ランニングをするだけで、誰でも「やる気スイッチ」が入り、本が読めるようになります。

ある意味、強制的に自分を「学び」に向かわせることができるのです。

## 5分間のランニングがもっとも集中力を高める

集中力を高めたり保ったりするうえで「いい」とされている方法は、「姿勢を正しく保つ」「胃に負担のかかるものを食べない」「カフェインをとる」「邪魔にならない程度のBGMを流す」「質の高い睡眠をとる」など、たくさんあります。

でも、1万冊以上の本を読み、集中力を高める数々のメソッドを実践した結果、僕たちがたどりついた最強の方法は、「5分間の軽いランニングをすること」です。

今のところ、これに勝るものはありません。

教育大国スウェーデンにあり、ノーベル生理学・医学賞を選考する機関「カロリンスカ研究所」で研究を重ねた、精神科医のアンダース・ハンセン氏は、著書『一流の頭脳』（御船由美子訳、サンマーク出版）の中で、

「運動は集中力の改善にすぐれた効き目を発揮する、副作用のまったくない薬だ」

と述べています。

この本では、脳のコンディショニングを高め、「やる気」「学力」「記憶力」など、さまざまな点で「一流の頭脳」になる方法が語られています。

「運動が脳にどれだけよい効果をもたらすか」について科学的に学ぶことができ、運動についての考え方が一変するので、「本を読むために、わざわざランニングなんてしたくない」

と思っている方は、ぜひ手に取ってみてください。

## 運動をすると集中力が高まるのは、人間が狩りをしていた頃の名残り

ちなみに、運動をすると集中力が高まる大きな理由は、ドーパミンが分泌されるからです。

読書術②でも触れましたが、ドーパミンには集中力を保つ働きがあります。

たとえば、カフェなどにぎやかな場所で仕事をしたり本を読んだりしていて、最初は耳障りだった周囲の物音が、作業や読書に集中すればするほど気にならなくなる。おそらくみなさんも、そんな経験をしたことがあるのではないでしょうか。

これは、作業や読書に没頭することでドーパミンの分泌量が増え、必要のない雑音を遮断してくれるからです。

そして、運動をするとドーパミンが分泌されるのも、ドーパミンが分泌されると集中力や記憶力が高まるのも、人類が狩りをして暮らしていた頃の名残だといわれています。

当時、生き残るうえで、「運動」「集中力」「記憶力」は不可欠でした。

飢え死にしないためには、あちこち動き回りながら、住みやすそうな場所や獲物を、目を凝らして探したり、以前獲物がとれた場所を思い出したりしなければなりません。

また、獲物を仕留めるためには、頭がクリアな状態で、獲物に気づかれないように細心の注意を払いながら忍び寄り、獲物のわずかな動きも見逃さず、素早く行動しなければなりませんし、ときにはトラやライオンなどから逃げる必要もあります。

体を動かすこと、集中力や記憶力を高めることが、生き残る確率を増やすことにつながっていたわけです。

そこで、脳は、運動に伴いドーパミンを分泌することで、爽快な気分、幸福感を味わわせ、人間に「体を動かすこと」を繰り返させたり、集中力と記憶力を高め、狩りなどが成功しやすくしたりするようになりました。

太古の昔に作られたそうしたシステムが、今も人間の体内に残っているのです。

「疲れているときに運動なんかしたら、余計に疲れてしまうのでは？」と思う人もいるかもしれませんが、体を動かしていれば、脳は「獲物が見つかっていない状態である」と判断し、より体を動かしたくなるように、そして集中力や記憶力を高めるために、ドーパミンを分泌します。
詳しくは第3章でお伝えしますが、実際、僕たちも、今では5分間のランニングなど、運動を挟まないと仕事にならないといってもいいくらい、運動が集中力や記憶力、意志力などを高める強力な武器になっています。

## まずは15分集中し、本質をつかむ

「いざ本を読もうと思っても、なかなかやる気が起きず、読書に集中できない」
「本を読んでいても、スマホなどについ気をとられてしまう」
「長く本を読んでいると集中力が切れたり、眠くなったりする」

という人は、おそらくたくさんいらっしゃるのではないでしょうか。
1ページめから面白い本、だんだん面白くなる本、最後まであまり面白くない本……。
世の中にはさまざまな本があります。

最初から面白い本であれば、時間を忘れて一気に読んでしまえるかもしれませんが、そうでない場合は、面白い箇所や興味のある箇所にたどり着く前に集中力が切れてしまい、数ページ読んだだけでスマホやネット、テレビなどを見てしまったり、眠くなってしまったりしてしまいますよね。

たとえば休日などに、読書をしたい気持ちはあるけれど「なかなかやる気が起きない」「集中できない」「つい、スマホやネット、テレビなどを見てしまう」という人は、まずは5分間の軽いランニングをして集中力を高め、15分間だけ本を読んでみてください。

『脳のパフォーマンスを最大まで引き出す神・時間術』（樺沢紫苑著、大和書房）には、「かなり深い集中が持続できる濃い集中時間は、『15分』程度であって、20分を超えない、つまり「15分」が一単位と考えることができます」

と書かれています。

読書においても、ただ時間をかけてダラダラと読んでいたら、途中で集中力が切れてしまい、大事なことが頭に入らなくなります。

目的を明確にして、読むべき本だけでなく、読むべき箇所もしぼりこみ、15分で本当に必要な情報だけを、しっかりつかみ取りましょう。

そうすることで、その本の面白さに気づいて、自然と「もっと読みたい」という気持ちになり、その後は寝食を忘れるほど読書に没頭できるかもしれません。

「あまり面白くなく、そこまで没頭できないけれど、仕事の関係などで、どうしてもその本を読まなければならない」という場合でも、ただダラダラと読むよりは、「15分だけ集中しては休憩を入れる」といったサイクルを繰り返したほうがいいでしょう。

もちろん、5分間のランニングは、読書中や作業中に「集中力が切れてきたな」「眠くなってきたな」「疲れているな」と感じたときにも有効です。

これまでまったく運動習慣がなく、いきなりランニングは難しいという人は、呼吸を意識しながら、5分程度、少し早足で散歩してみるとか、階段の上り下りをしてみるとか、より簡単にできることから始めましょう。

読書の前に、あるいは集中力が切れたときに、5分間の軽いランニングをする。

このランニング読書術は、忙しいとき、休日など有意義に時間を使いたいときにぴったりです。

ランニングで集中力を高め、短時間で本を読むことができれば、それだけ早く本に書かれたことを実践に移せますし、実践によって効果が出れば、残りの時間は自分の好きなことに使えます。

ふだん忙しくて、あまり読書の時間がとれないという方に、特におすすめの読書術です。

読書術

# 4

# 本の内容を自分のものにするための「能動型読書」

Point

メモをとりながら本を読む、
もしくは読んだ直後に感想をメモする。
⬇
本の内容を「自分のもの」にすることができる!

## メモを書き込むだけで、読書へのモチベーションが高まる

本要約チャンネル流読書術の四つめは「能動型読書」です。

これは、

・メモをとりながら本を読む、もしくは読んだ直後に感想をメモする

というものです。

用意するのは、色つきのペンとマーカーのみ。

本を読むときには、常にペンとマーカーを近くに置いておき、覚えておきたい箇所があればマーカーで線を引き、気づいたこと、感じたことがあれば余白にペンでどんどん書き込みます。

また、本を読み終わったときには、たいてい表紙の裏などに感想を書きます。

これをやることで、本の内容を「自分ごと」としてとらえられるようになり、読書へのモチベーションや集中力も、さらに高まります。

## 「ただの読書」は受動的な行為にすぎない

ちなみに、「自分ごと」とは「自分に関係があると思うこと」を指します。

逆に、「自分に関係がないと思うこと」を、人は「他人ごと」といいます。

そして、**自分ごとになってはじめて、人はその物事に興味を持ち、真剣に考え、行動するようになります。**

自分が育児をするようになってはじめて、保育園の待機児童の問題に関心を持ったり、両親の介護をするようになってはじめてバリアフリーの大事さに気づいたり、年齢を重ね、体のあちこちが弱ってきてはじめて、健康に関する情報に敏感になったり……といった経験は、おそらくみなさんにもあるのではないでしょうか。

一方、他人ごとだと考えているうちは、人はなかなか「自分がどうにかしなければ」という気持ちにはなれません。

読書も同様です。

「みんなが読んでいるから」といった理由で買った本を、ただ読んでいるだけでは、人はなかなか、その内容を自分ごととしてとらえることができません。

本を読むという行為は、一見能動的なものだととらえられがちですが、実は非常に受動的なものなのです。

19世紀前半のドイツの哲学者であるショウペンハウエルは、著書『読書について』（岩波文庫）の中で、次のように述べています。

「読書は思索の代用品にすぎない。読書は他人に思索誘導の務めをゆだねる」

「他人から学んだだけにすぎない真理は、我々に付着しているだけで、義手義足、入歯や蠟《ろう》の鼻か、あるいはせいぜい他の肉を利用して整形鼻術がつくった鼻のようなものにすぎないが、自分で考えた結果獲得した真理は生きた手足のようなもので、それだけが真に我々のものなのである」

「読書は言ってみれば自分の頭ではなく、他人の頭で考えることである。絶えず読書を続けて行けば、仮借《かしゃく》することなく他人の思想が我々の頭脳に流れこんでくる」

ここでいう読書とは、ただ読むだけの「他人ごとの読書」だと、僕たちは解釈しています。他人ごとの読書をしているうちは、読み手は単に他人の思考に頭を貸しているだけで、何も考えていないに等しいのです。

みなさんが、「今まで、本を読んでも、何も変わらなかった」と感じているなら、その理由、もしかしたら、そんなところにあるのかもしれません。

読書術①でお伝えしたように、本を読む前に目的を具体化・明確化することも、受動的な読書から能動的な読書に、他人ごとの読書から自分ごとの読書にするための方法なのですが、読みながらメモを書き込んだり、読んだ後で感想をまとめ、書いたりすることで、その読書はより能動的に、自分ごとになります。

●読書という行為は受け身、受動的

←

◎感想を書きこむことで、はじめて自分ごとになる

## メモを書くと、脳はその情報を重要なものだと判断する

では、なぜメモを書き込んだり感想をまとめたりすることで、読書が自分ごとになるのか。

その理由を、僕たちなりに考えてみました。

まず、手書きでメモをとると、脳内のＲＡＳ（網様体賦活系、Reticular Activating System）という回路が活性化するといわれています。

ＲＡＳは、脳幹《のうかん》から大脳全体に向かう神経の束で、必要な情報だけを脳にインプットする、フィルターの役割を果たしています。

人間は、日々五感を通して、さまざまな情報に触れていますが、見たものや聞いたものをすべてインプットすると、脳はその処理に追われてしまいます。

そこで、ＲＡＳがインプットするべき情報とそうでない情報を選別し、いらない情報を遮断したり、必要な情報を探し出したりしているのです。

みなさんは、セブンイレブンやローソンなど、コンビニのロゴマークを、何も見ずに正確に書くことができますか？

おそらく、多くの人は書けないのではないかと思います。

毎日のように見かけているはずなのに、正確に思い出すことができないのは、ＲＡＳが「その店が、セブンイレブンやローソンであるということさえわかればいい」と判断しているからです。

あるいは、たとえばダイエットをしたいと思ったとたん、雑誌やネットのダイエット関係の記事や広告が、やたら目につくようになった……ということはありませんか？

これも、ダイエットに関心をもったことで、RASが、それまで遮断していたダイエット関係の情報を、「必要なものである」と判断するようになったからです。

読書術①で目的を設定したのは、脳に**「これからインプットする情報は重要である」**と認識させるためですが、本を読みながら、手書きでメモをとることによっても、やはりRASが刺激され、脳は「今、インプットしているのは重要な情報である」と判断するのではないかと、僕たちは思います。

また、読書をしながらメモを書き込んだり、「メモをとろう」「後で感想を書こう」と思いながら本を読んだりすると、人は自然と、「重要な箇所はどこだろう」「自分にとって気になる箇所、印象に残る箇所はどこだろう」と考えるようになります。

つまり、読書に感情が伴いやすくなるのです。

感情が動くと、脳内物質が分泌されます。

目的を達成したときなどに分泌されるドーパミンについては、すでにお伝えしましたが、ほかにも、不安や恐怖を感じたときに分泌される「アドレナリン」「ノルアドレナリン」、大きな喜びを感じたときに分泌される「エンドルフィン」、愛情を感じたときに分泌される「オキシトシン」など、感情が動いたときに分泌される脳内物質にはさまざまなものがあります。

そして、ドーパミンやエンドルフィン、アドレナリン、ノルアドレナリンなどには、集中力を高める作用があるといわれています。

「火事場の馬鹿力」という言葉がありますが、自分ごとになると、人は、それを他人ごととしてとらえていたときにはとても出せなかったような力を発揮することができます。

それは、感情が刺激され、脳内物質が分泌され、集中力が高まるためでもあるのです。

## 自分ごとになると、本の内容を忘れにくくなる

なお、本を読みながらメモを書き込んだり、読んだ後に感想をまとめたりして、読書が自分ごとになると、本の内容を忘れにくくもなります。

ＲＡＳ回路が活性化し、脳がその情報を「覚えておくべき重要なもの」と判断するためです。

また、記憶力を高める脳内物質の作用もあります。

人は、感情が動かされた出来事は、なかなか忘れません。

おそらくみなさんも、日常のささいなことは忘れても、「試験に合格した」「好きな人とつきあえることになった」「子どもが生まれた」「昇進した」などの嬉しかった出来事や、「誰かと喧嘩をした」「仕事で大きなトラブルに見舞われた」「災害に遭った」などの腹が立った出来事、辛かった出来事、怖かった出来事などは、いつまでも覚えているのではないでしょうか。

これらはみな、感情を動かされたときに分泌される脳内物質の働きによるものなのです。

そしてもう一つ、本を読みながらメモを書き込んだりすると、内容を忘れにくくなるのは、情報のインプットとアウトプットを同時に行うためでもあります。

ちなみに、インプットとは、「読む」「聞く」「味わう」などの行為によって、脳の中に情報を入れること、アウトプットとは脳の中の情報を、「書く」「話す」などの行為によって外へ出すことをいいます。

みなさんは、「エビングハウスの忘却曲線」をご存じでしょうか？

これは、人間が記憶した内容をどの程度忘れていくかを示したものであり、「ちゃんと覚えた」と思っても、20分後には42％、1時間後には56％、1日後には74％を忘れてしまう、とされています。

人間は、忘れる生き物であり、特に「インプットしただけ」の情報の記憶は、時間がたつにつれてどんどん薄れ、曖昧になっていきます。

よほどの記憶力の持ち主でない限り、ただ読んだだけの本の内容を忘れてしまうのは、当たり前のことなのです。

## アウトプットを行うことで、内容への理解が深まり、内容を忘れにくくもなる

では、どうすれば、人はインプットした情報をしっかりと覚えておくことができるのか。

そのカギとなるのが、アウトプットです。

記憶においては、インプットよりもアウトプットのほうが、はるかに重要なのです。

『学びを結果に変える アウトプット大全』（樺沢紫苑著、サンクチュアリ出版）には、アウトプットの効果について、次のように書かれています。

「『書く』『話す』といった運動神経を使った記憶は、『運動性記憶』と呼ばれます。運動性記憶の特徴は、一度覚えるとその後はほとんど忘れることはないということです。3年ぶりに自転車に乗ったら乗り方を忘れていた、ということはないはずです」

また、アウトプットを行うとき、人は脳内で記憶を何度も参照し、処理して、情報を外へ出します。

その過程で、記憶が鍛えられ、強化されるのです。

「受験勉強をするとき、ただ教科書や参考書を漫然と読むよりも、並行して問題集をどんどん解いていったほうが、記憶への定着率が高かった」という人は多いはずです。

もちろん、本の内容を忘れない最強のアウトプット方法は、「実践を繰り返すこと」です。

実際、僕たち自身は、本で読んでいいと思ったことはすぐに実践することにしているので、必要な知識や情報のほとんどは、実践を繰り返す中で、自然と覚えてしまいます。

しかし、読みながらメモをとり、インプットとアウトプットをセットで行うだけでも、記憶への定着率はかなり高まるはずです。

なお、感想を人に話したり、SNSやブログにアップしたり、Amazonなどにレビューを書いたりすることも、アウトプットになります。

感想を人に伝えるためには、情報を自分の中できちんと整理する必要がありますし、人と意見を交換し合う中で、新たな気づきが得られることもあります。

内容を忘れにくくなるだけでなく、内容に対する理解も深まるため、時間や気持ちに余裕がある人は、こうしたアウトプットも試してみましょう。

ちなみに、どこに書いたかがわかれば、読んだ後の感想はノートに書いてもメモに書いてもかまいませんし、本の表紙の裏などに書き込んでもかまいません。

また、細かく長く書く必要はありません。

本に書かれていた内容のうち、新たに知ったこと、驚いたこと、重要だと思ったこと、実践したいと思ったことなどを、箇条書きでメモする程度で大丈夫です。

これらをまとめておけば、たとえ本の内容を忘れても、感想を読み返すだけで要点を思い出すことができるというメリットもあります。

ぜひ実践してみてください。

読書術

# 5

# 時間を上手に活用し、効率よく本を読む「分散型読書」

Point

まとまった読書時間をとることができない。

↓

スキマ時間をうまく利用する。

↓

忙しくても本を読むことができ、
記憶にも残りやすくなる！

## 忙しく時間がない人の読書術

本要約チャンネル流読書術の五つめは「分散型読書」です。

これは、

**・スキマ時間をうまく利用する**

というもので、忙しくてまとまった読書時間がとれない人に、特におすすめです。

仕事に追われているビジネスパーソン、家事や育児で忙しい主婦の方などで、

「本を読まなければという気持ちはあるけれど、なかなか読書のために、まとまった時間がとれない」

「いつか読もうと思ったまま、ほとんど読まずに放置している本がたくさんある」

という人は、おそらくたくさんいらっしゃるのではないかと思います。

日本人（社会人）が本などを黙読する際の平均的なスピードは、1分間あたり500～600文字といわれています。

200ページ前後の単行本だと、文字数は8万字～12万字程度のことが多いため、1冊の本を読み終えるのに、早くても2～4時間ほどかかることになります。

ふだん、本を読み慣れていない人だと、それ以上に時間がかかることもあるでしょう。「本を読むにはまとまった時間が必要」と考えてしまうのも、仕方ないかもしれません。

しかし、この「分散型読書」を実践することで、読むべき本を適切なタイミングで読むことができるようになるだけでなく、ただ時間をかけてダラダラと読むよりも、読書によって得られる効果が高くなります。

## スキマ時間でも質の高い読書ができる

分散型読書のキモは、「スキマ時間の活用」です。

これは、文字通り、通勤・通学時間、休憩時間、レストランや喫茶店で注文したものが届くまでの時間、待ち合わせ相手が来るまでの時間、多少本が濡れてもいいという人であれば、湯船につかって体があたたまるまでの時間など、日常のちょっとしたスキマ時間を読書にあてるというものです。

海外に住むようになってからは、在宅で仕事をすることが多くなりましたが、日本で生活しているときは、僕たちもよくスキマ時間を使って読書をしていました。

月に30冊本を読むという樺沢紫苑先生も、すべてスキマ時間、特に電車に乗っている時間と電車を待っている時間を読書にあてているそうです。

みなさんも、一度生活を振り返り、スキマ時間がどのくらいあるか考えてみましょう。

最近はテレワークの人も増えているかもしれませんが、たとえば、通勤・通学している人なら、移動に、往復1～2時間、長い人なら4時間ほどはかかっているはずです。

今までは、スキマ時間をすべてスマホでのメールやネット、SNSのチェック、ゲームなどにあてていたという人も多いかもしれません。

でも、ためしに、そのうちの15分だけ読書にあててみてください。

**一日15分でも、一週間で2時間弱。**

それだけの時間があれば、かなり読み進めることができるでしょう。

## 締め切り効果を活用する

スキマ時間を使っての読書には、「まとまった時間がとれない人でも、継続的に本を読むことができる」というメリットがありますが、せっかくの読書時間をさらに有効に活用するため、みなさんにぜひ、試していただきたいことがあります。

それは「締め切りを設定すること」です。

ただ「15分あいたから本を読もう」というだけでは、なかなか集中力は高まりません。

なんとなく文字を目で追うだけで終わってしまうこともあるでしょう。

みなさんは、「パーキンソンの法則」という言葉を聞いたことがありますか?

これは、イギリスの歴史学者・政治学者シリル・ノースコート・パーキンソンが『パーキンソンの法則：進歩の追求』（森永晴彦訳、至誠堂）という本の中で提唱している法則で、「時間でもお金でも、人はあらゆる資源を、あればあるだけ使ってしまう」というものです。

おそらくみなさんも、仕事や学校の宿題、レポートなどに関して、

「たくさん時間があったはずなのに、まったく手がつかず、締め切り直前になって慌てて仕上げることになってしまった」
「時間があると思って、ついやらなくてもいい余計なことをやってしまった」
「ダラダラと時間をかけて完成させたものよりも、締め切り前に急いで完成させたもののほうが出来がよかった」

という経験をしたことがあるのではないでしょうか。

人は、「いつまでに〜をやらなければならない」という締め切りが決まっていたほうが、やるべきことに集中できるのです。

読書についても同様です。

なんとなくダラダラと時間をかけて読むよりも、「この15分間に、ここまで読んでしまおう」「待ち合わせ相手が来るまでの5分間に、ここまで読んでしまおう」といった締め切りを設定したほうが、より読書に集中できるのではないでしょうか。

その理由としては、目標を設定し、自分を追い込むことで、ドーパミンやアドレナリンなど、集中力を高める作用をもつ脳内物質が分泌されることが考えられます。

スキマ時間では、5分間のランニングなどによって集中力を高めることができません。

ですから、ぜひ「ここまで読んでしまおう」「この項目だけでも理解しよう」などの締め切りを設定してみてください。

## 起床して3〜4時間後の読書がおすすめ

「スキマ時間を利用して、読書時間を分散させる」というと、「記憶や印象がとぎれとぎれになって、本の全体像を把握しづらいのではないか」と思う人もいるでしょう。

たしかに、1ページめから順番に読んでいたら、そういうこともあるかもしれません。

しかし、読書術②でお伝えしたように、本要約チャンネル流読書術では、本当に必要な箇所、重要な箇所のみを、短時間に集中して拾い読みすることをおすすめしています。

ただ時間をかけて、全体を漫然と読むよりも、こうした読み方のほうが、逆に内容を理解しやすく、記憶にも残りやすいはずです。

**ちなみに、本を読む時間帯としては、起床して3〜4時間後が、特におすすめです。**

一日の中で脳がもっとも活発に動いているのは午前中、特に起きて間もないうちで、それから徐々に活動レベルは下がっていきます。

しかし、生体リズム的に、記憶力がもっとも高くなるのは、起床して約3時間後、知的な作業がはかどるのは、起床して4時間後だといわれています。

会社勤めをしている場合、平日のその時間帯に本を読むのは難しいかもしれませんが、休日に読書をするときは、起床して3〜4時間後あたりに読書時間を設けてみるとよいかもしれません。

読書術

# 6

# 本に書かれている内容が実践しやすくなる「マインドセット読書」

Point

本に書かれている内容を、
何からどう実践したらいいかわからない。
なかなか実践に踏み切れない。

⬇

スキマ時間で簡単に実践できるもの、
効果がわかりやすいものから始めてみる。

⬇

成功体験が積み重なれば、実践が楽しくなり、
習慣化する!

## 「読む」だけで終わりにしないマインドセット術

本要約チャンネル流読書術の六つめは「マインドセット読書」です。

これは、

・本に書かれている内容を実践し、「読書には効果がある」とマインドセットする

というものです。

これまで繰り返しお伝えしてきたように、本要約チャンネル流読書術において、もっとも重要なのは、実践です。

僕たちが本を読むのも、みなさんに読書をおすすめするのも、真の目的は「人生を変えるため」であり、そのためには本に書かれている内容を実践することが不可欠です。

ただ本を読んだだけでは、何も変わりません。
これまで、できるだけ効率よく本を読むための方法をお伝えしてきましたが、読書はあくまでも、人生を変えるための最初の一歩、人生を変えるための情報を得る手段にすぎないのです。

しかし、おそらく多くの人は、

「本を読んで、いいなと思ったことでも、『今、忙しいから』『面倒くさそうだから』などの理由で実践を先延ばしにしてしまう。あるいは、最初の数日は実践できても、なかなか続かない」
「健康本でもビジネス本でもお金関連の本でも、紹介されているメソッドが多すぎて、何から始めればいいかわからない」

といった悩みを抱えていらっしゃるのではないでしょうか。

そうした方におすすめしたいのが、「マインドセット読書」です。

気持ちのあり方を変えるだけで、あるいはちょっとしたコツを採り入れるだけで、本に書かれている内容を実践しやすくなり、人生を変えるきっかけをつかみやすくなるはずです。

マインドセット読書は、具体的には、「本に書かれているメソッドのうち、誰にでも簡単にできて、すぐに効果が出ることを試す」ことによって、小さな成功体験を積み重ねていくというものです。

では、なぜそれが有効なのか、詳しくお話ししましょう。

## 自分の成長を妨げるものはなにか

本に書かれている内容をなかなか実践できない人、実践しても続かないという人は、もしかしたら、「本を読んで実践するだけで、健康になったりお金が稼げたり、人生が変わったりするはずがない」と考えているのかもしれません。

このように言うと、「そんなはずはない。変わりたいから、わざわざそうした本を買っているのに」と思う人もいるでしょう。

しかし、顕在意識（自分自身で認識できる、表面的な意識）では「変わりたい」と考えていても、潜在意識（自覚されない意識。無意識）が変化を恐れたり、「そう簡単に変われるはずがない」「努力ではどうにもならないことがある」と思っていたりするため、それが実践による効果を出にくくしたり、実践を妨げたりしている可能性があります。

人は毎日、おびただしい数の選択や判断をしており、そのほとんどが無意識レベルで行われています。

「息を吸おう」「息を吐こう」などといちいち考えながら呼吸をしている人はいないでしょうし、「何時に起きるか」「朝食に何を食べるか」「何を着るか」といったことは意識的に選択していても、「布団を左右どちらの手でめくるか」「箸《はし》や茶碗をどのように持つか」「クローゼットのドアノブを左右どちらの手でつかむか」といったことまで意識している人もほとんどいないでしょう。

また、一見、意識的に行っていることであっても、潜在意識の影響を受けています。

朝食のメニューや、会社に着ていく服などを選ぶ際には、まず「朝食はこういったメニューを食べるもの」「会社にはこういった服を着ていくもの」といった無意識の選択があり、そのうえで「パンにするかご飯にするか」「紺のスーツにするかグレーのスーツにするか」といったことを意識的に決めているからです。

潜在意識こそが思考や行動を大きく左右しており、人が意識的にやっていることはわずか3％にすぎず、97％は無意識にやっているともいわれています。

## 自分は変われると思えれば、本当に成長する

そして、潜在意識のベースになるものが、マインドセットです。

マインドセットとは、生まれ持った性質や経験、教育、育った環境によって形成される、固定された考え方や物事の見方のことで、個人の信念や価値観もそこに含まれます。

マインドセットの重要性を知るうえで、とても参考になるのが、スタンフォード大学の心理学の教授であり、パーソナリティ、社会心理学、発達心理学における世界的な権威でもある、キャロル・S・ドゥエック氏の『マインドセット　「やればできる！」の研究』（今西康

子訳、草思社）です。

この本は、スタンフォード大学発の世界的ベストセラーとして人気を博し、日本では一度２００８年に出版され、２０１６年に再度出版されています。

『マインドセット』では、「自分の能力はこんなものだ」と思い込むことと、「自分の能力は自分の努力で伸ばせる」と信じること、この2つのマインドセットのどちらがより有用であるかが、科学的に説明されています。

そして、「自分の能力は自分の努力で伸ばせる」と信じることができる人は、失敗に対しても肯定的で、困難に立ち向かう力があり、常に新しいことを学んだ子どものようにワクワクしていられるため、成長を続けることができると書かれています。

さらに、キャロル氏は、努力こそが人を有能にし賢くするのであり、可能性を発揮できないのはマインドの問題である、とも主張しています。

遺伝子によって先天的に決まっている個人差もたしかにありますが、人の能力や脳の発達の余地は、従来考えられていたよりもはるかに大きいということが、近年わかってきているそうです。

少し耳の痛い話も出てきますが、「本を読み、実践することで、生活の質が変わり、人生が変わる」という読書術は、こうしたキャロル氏の主張に通じるものがあると、僕たちは思います。

また、「読書によって自分を、生活を、人生を変えることができる」というマインドセットを持つことができれば、今まであきらめていたことに挑戦しようという気持ちが湧き、読書に対するモチベーションが高まり、自分の大切な目標に向かって、コツコツと一歩ずつ努力することができるようになり、本当に人生が変わっていきます。

実際、第2章でお話しするように、僕たちも、健康本に書かれていた内容を実践することで、子どもの頃からの原因不明の体調不良を克服でき、「本によって、自分を変えることができる」というマインドセットを持つようになりました。

その後、ビジネス本などに書かれている内容を実践し、自分が望むように生きられるようになったのも、そうしたマインドセットを持っていたためだと思います。

マインドセットがどれだけ未来に影響を与えるか、より詳しく知りたい方は、ぜひ『マインドセット』を読んでみてください。

## 変化というリスクの考え方

また、人は、たとえそれが良い結果をもたらすものであっても、「変化」をおそれがちです。

人の体には、「ホメオスタシス」という、現状を保とうとする機能があります。

暑いときに汗をかいて体温が下がるのも、寒いときに体がふるえて熱が生まれ、体温が上がるのも、お腹がすくのも、のどが渇くのも、すべてホメオスタシスの働きによるものです。

ホメオスタシスは、生命を守るための防衛本能のようなものだと考えてもいいかもしれません。

「体温を調節しなければ」などといちいち意識しなくても、ホメオスタシスがきちんと作用してくれるからこそ、体は常に一定の状態を維持し、人は生命を保つことができるのです。

実はホメオスタシスは、体だけでなく、心にも作用するのですが、その際、人の精神的な成長や変化の妨げとなることが少なくありません。


**人が、せっかく顕在意識で「変わりたい」「変わろう」と思っても、ホメオスタシスの働きにより、潜在意識が「変わらない」方向へと働きます。**


変化のための行動にはエネルギーが必要であり、ストレスもかかります。

さらに、失敗のリスクが伴いますし、今よりも状況が悪くなる可能性も0とはいえません。

でも、現状維持を選べば、余計なエネルギーを使うことも、余計なストレスを感じることも、余計なリスクを負う必要もありません。

そのため、体温が上がったり下がったり、栄養や水分が足りなくなったりしたとき同様、心にいつもと違う変化が起きると、脳はそれを危機と判断するのです。

そして、たとえ現状を変えたほうがメリットが大きくても、変化に伴うリスクを避けるために、自分自身に恐怖や不安を感じさせ、「忙しい」「面倒くさい」など、何かしらの理由を見つけ、行動を起こさせないようにするのです。

## 人生に大きなインパクトを与える

本に書かれていることをなかなか実践できない、実践しても続かない、という人の多くは、「忙しいから」「自分が面倒くさがりだから」と思っているかもしれませんが、もしかしたらそこには、変化を恐れる脳やホメオスタシスの仕組みなどが大きく影響しているのかもしれません。

では、こうした影響をはねのけ、「実践向き」のマインドセットになるにはどうしたらいいのか？

さまざまな方法が考えられますが、僕たちは「短時間で簡単に実践できるもの、効果がわかりやすいものから始めてみる」ことをおすすめします。

僕たちが1万冊以上の本を読んだうえで、日々実践しているメソッドは、いずれも短時間でできることばかりです。

朝散歩や、集中力を回復させるための運動などは、短くて5分、長くても30分以内には終わります。

ですから、たとえば「朝の散歩は気持ちよさそうだから、別に効果が出なくてもいいか」くらいの軽い気持ちで、朝散歩などを実践してみてください。

まずはそうした、短時間でできること、すぐに効果が出そうなことのうち、あまり抵抗感を覚えずにやれることを、一つでもかまいませんから、生活に採り入れてみましょう。

何らかの効果が感じられれば、「実践によって、自分自身や生活を変えることができる」と身をもって理解することができますし、「行動したことで良い結果が得られた」という達成感はドーパミンの分泌を促し、「行動すること、変化することは楽しく幸せなことである」と脳が感じられるようになります。

逆に、もし数日やって効果が感じられなければ、その方法は合わなかったのだと考え、別の方法を試してみましょう。

一つひとつはささやかでも、成功体験が積み重なっていけば、変化を恐れる気持ちが薄れ、**「実践すること、行動することで人生は必ず変わる」**というマインドセットがはぐくまれていきます。

そうなると、実践の結果がますます出やすくなるという好循環が生まれ、長期スパンで実践することへのモチベーションも高まるはずです。

なお、長期スパンで何かに取り組む際にも、まずはできるだけ「やるべきこと」や効果がわかりやすいものを選ぶことをおすすめします。

最近の実用書には、「やるべきこと」が明確に書かれたものもたくさんあります。

たとえば、資産運用であれば、家計再生コンサルタントの横山光昭さんが書かれた『貯金感覚でできる3000円投資生活デラックス』（アスコム）には、
・現時点でもっとも簡単に、効率良く、安全に資産を増やす方法は、つみたてNISAの

口座を開き、『楽天・全世界株式インデックス・ファンド』を積立で買うことであると、具体的に書かれています。

それまでまったく投資に関心を抱いていなかった僕たちの知人は、この方法で投資を始め、お金が増えていくのが楽しくて、投資に興味を持つようになったそうです。

長期スパンで取り組むメソッドで成功すると、「それなしでは生きていけない」と思うほど生活が一変することもあります。

つみたてNISAは、20年ほどかけて資産を形成する方法ですが、始めてから数年たつ友人は、つみたてNISAなしに老後の資産形成は考えられないと言っています。

「老後の資産形成」という難題も、たった一冊の本が解決し、友人は老後への不安を感じない生活を送れるようになりました。

「どのメソッドを実践したらいいかわからない」という人は、やるべきことが具体的に、明確に記されていて、かつ信頼度が高いと感じたものを実践してみましょう。

読書術

# 7

# 実践・検証を繰り返し、人生を変える「レコーディング読書」

Point

本に書かれているメソッドを実践する。

⬇

実践した結果の記録と検証を繰り返す。

⬇

そのメソッドが本当に自分に合っているかどうかを判断し、効果があったものは生活の中に採り入れる。

⬇

人生が変わる！

## 本に書かれているメソッドの効果は、実践しなければわからない

本要約チャンネル流読書術の七つめは「レコーディング読書」です。

これは、

・**本に書かれている内容を実践し、記録し、検証する**

というものです。

その作業を繰り返し、目的を達成（課題を解決）するうえで、そのときの自分にとって最適な判断を下したり、もっとも合うメソッドを見つけ出したりすること。

最適な判断を積み重ね、有効なメソッドを生活に採り入れ、ルーティーン化することによって、生活の質を高め、人生を自分の望む方向へ変えていくこと。

それこそが、「読む」だけで終わりにしない、本要約チャンネル流読書術の究極の目的です。

僕たちはこれまで、健康本、ビジネス本、自己啓発本、投資本など、さまざまなジャンルの**本を1万冊以上読み、健康に関してもビジネスに関してもお金に関しても、数々のメソッドを実践してきました。**

その経験を踏まえて、みなさんにお伝えしたいのは、「一つのジャンルについて、一冊の本だけ読んで満足せず、一つの考え、一つのメソッドだけを盲信しないこと」、そして「本を読んで実践した内容を記録し、検証すること」の重要性です。

本を読む目的を具体化・明確化し、時間をかけて本を選び、課題を解決できそうなメソッドが見つかったとしても、それが本当にあなたに合うかどうか、効果が得られるかどうかは、あなた自身が実践してみなければわかりません。

どれほど「体の不調が改善されて健康になる」「パフォーマンスが上がる」「お金が増える」と書かれていても、そのメソッドがあなたの体質や性格に合わないこともあります。

あるいは、慎重に選んだつもりでも、その本に書かれていることが、偏《かたよ》った知識や情報に基づいている可能性がないとも限りません。

また、最初のうちは効果があったメソッドでも、続けているうちに、あるいは自分の心身の状態や生活環境などの変化に伴い、効果がなくなってくることもあります。

それを見極め、アップデートするためには、一つのジャンルについて複数の本を読み、複数の考え方やメソッドを知ること、いいと思ったメソッドを実践し、常に記録し、検証することが必要不可欠なのです。

## 実践し記録・検証することで、自分に合うメソッドを発見できる

このように書くと、みなさんの中には「どうやって記録や検証をすればいいかわからない」という人もいるでしょう。

ですから、ここではまず、僕たちが実践しているやり方をみなさんにご紹介します。

僕たちは3年ほど前から毎日、朝起きてから夜寝るまで、実践しているすべてのメソッドの記録と検証を行っています。

その前から、メソッドの記録と検証は行っていたのですが、本要約チャンネルを始めようと考え始めた頃から、「書かれている内容について、ちゃんと自分で実践し検証し、納得のいった本だけを視聴者のみなさんに紹介したい」と思い、より本格的に、細かく記録をとるようになりました。

たとえばたけみは、107ページのような形で記録をつけ、検証をしています。

まるで暗号のようですが、「す」は睡眠時間、「Pw」は「散歩」、「Pwlis」は「音楽を聴きながらの散歩」を指します。

「アーシング」とは、裸足で地面に立つことです。

各時間帯に書かれている「+4」「+3」といった数字は、その時間帯の集中力やパフォーマンスの状態を−5〜+5の範囲内で数値化したものです。

たとえば、最上段に「す　9h」と書いてあるのは、前夜の睡眠時間が9時間だったとい

## 8月31日　レコーディング読書

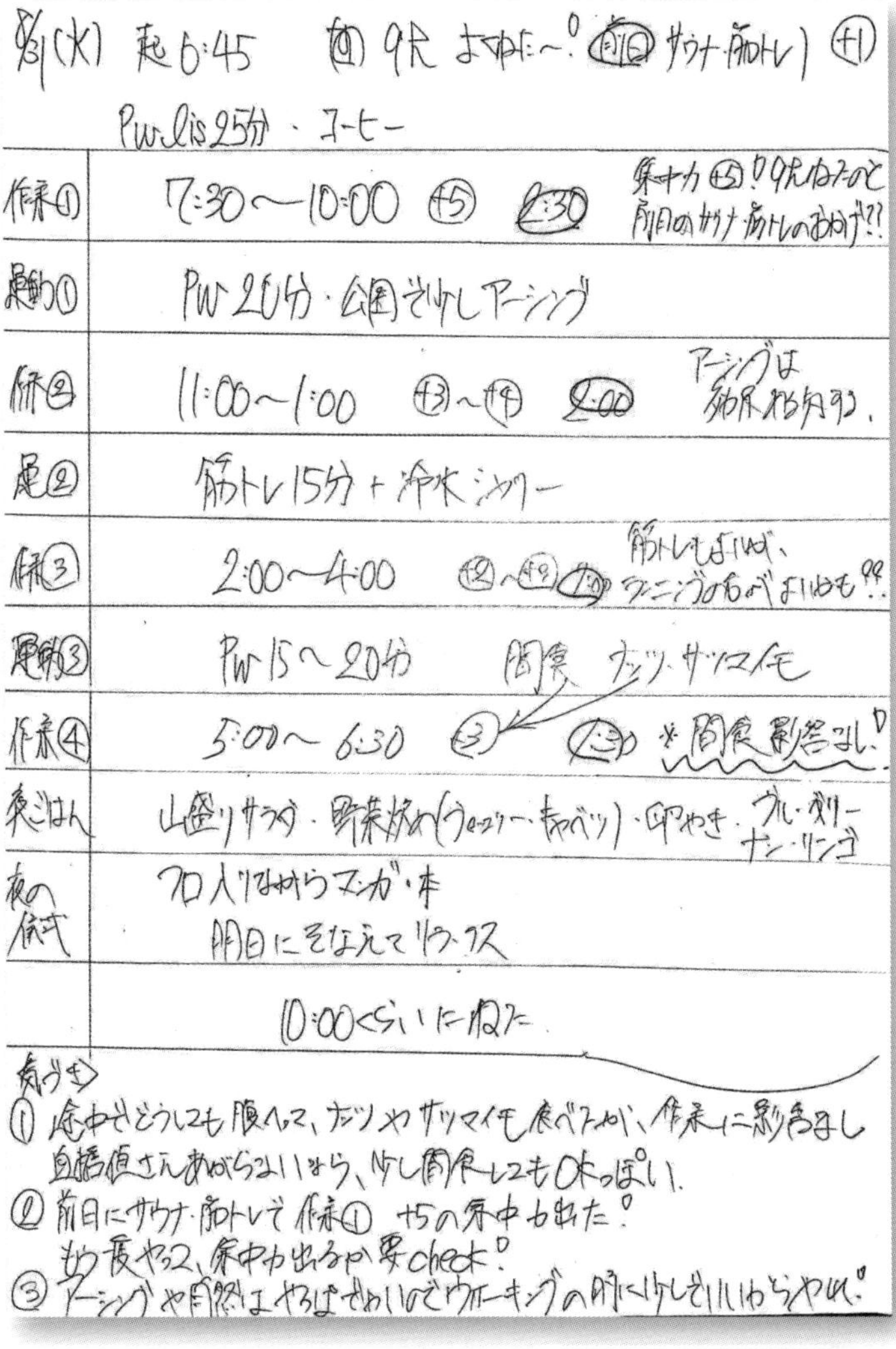

8/31(火) 起6:45 睡 9h よくねた〜!(前日 サウナ・筋トレ) (+1)
PW・lis 25分・コーヒー

| | |
|---|---|
| 作業① | 7:30〜10:00 (+5) (2:30) 集中力(+5)! 9hねたのと前日のサウナ・筋トレのおかげ?? |
| 運動① | PW 20分・公園で少しアーシング |
| 作業② | 11:00〜1:00 (+3)〜(+4) (2:00) アーシングは納得感ある。 |
| 運動② | 筋トレ15分+冷水シャワー |
| 作業③ | 2:00〜4:00 (+2)〜(+3) (1:00) 筋トレもよいが、ランニングの方がよいかも?? |
| 運動③ | PW 15〜20分 間食 ナッツ・サツマイモ |
| 作業④ | 5:00〜6:30 (+3) (1:30) ※間食影響なし! |
| 夜ごはん | 山盛りサラダ・野菜炒め(ブロッコリー・キャベツ)・目玉やき・ブルーベリー ナシ・リンゴ |
| 夜の儀式 | フロ入りながらマンガ・本 明日にそなえてリラックス |
| | 10:00くらいにねた |

気づき
① 途中でどうしても腹へって、ナッツやサツマイモ食べたが、作業に影響なし
血糖値さんあがらないなら、少し間食してもOKっぽい。
② 前日にサウナ・筋トレで作業① +5の集中力出た!
もう1度やって、集中力出るか要check!
③ アーシングや自然はやるばでかいのでウォーキングの時に少しずつやれ!

うこと。
「間食　ナッツ・サツマイモ↓5：00〜6：30　+3」と書いてあるのは、間食にナッツとサツマイモを食べた結果、この日の17：00〜18：30の時間帯の集中力やパフォーマンスの状態が+3だったということです。

僕たちは、本を読んで「効果がありそうだ」と思ったメソッドは、最低でも2週間は実践し、こうして記録し、効果を検証しています。

それによって、自分に合うメソッドかどうかを判断し、効果があったものについては日々のルーティーンに採り入れ、あまり効果がみられなかったもの、徐々に効果が薄れてきたものについては、実践メニューもしくはルーティーンから外します。

レコーディング読書のメリットは、なんといっても、本に書かれている内容が正しいかどうか、自分に合っているかどうかを自分自身で確かめることができること、納得のいくものだけをルーティーン化して生活の質を高め、人生を変えることができることにあります。

また、自分が実践と記録、検証を続けることによって、自己の変化や成長をリアルに感じられ、人生への満足度も高まります。

さらに、「本で読んだ内容を覚えておくにはどうしたらいいのか」といった余計な悩みがなくなるのも、レコーディング読書のメリットの一つです。

いいと思ったメソッドは毎日実践するため、忘れようがありません。

## レコーディング読書こそ、本要約チャンネル流読書術のゴール

なお、このレコーディング読書こそ、「読む」だけで終わりにしない、本要約チャンネル流読書術の中核です。

これまでお伝えしてきた①～⑥の読書術は、いずれも、レコーディング読書を効果的に行うために必要な準備なのです。

まず、①の目的型読書で、本を読む目的、解決したい課題を具体化・明確化し、読むべき本、自分が実践するべきメソッドを絞り込みます。

次に、②のドーパミン読書、③のランニング読書、④の能動型読書、⑤の分散型読書で、

本を楽しく、かつ効率的に読み、実践（レコーディング読書）までの時間を短縮化しつつ、実践へのモチベーションを高めていきます。

そして⑥のマインドセット読書で、実践しやすいマインドを作ります。

①〜⑥の読書術にはそれぞれ、このような効果があります。

逆に、レコーディング読書に慣れ、

達成したい目標や解決したい課題が見つかる

←

最適な本を探し、読む

←

書かれている内容を実践し、記録・検証するという流れが身につき、最短で無理なく実践にたどりつくことができるようになれば、①～⑥の読書術は忘れていただいてもかまいません。

とにかく、「本を読む＝レコーディング読書」が当たり前になれば、あなたの生活の質は確実に高まり、人生は望む方向へどんどん変わっていくはずです。

ただ、ほとんどの人にとって、１０７ページのような記録をつけるのは難しいでしょうから、第２章では「誰にでも簡単にできるレコーディング読書」のやり方をお伝えしたいと思います。

読書術

*column*

# どうしても目的が見つからないという人のために

Point

本を読む動機が見つからない。

⬇

自己啓発系の本を読んでみよう。

⬇

知らない世界への興味の扉が開く。

読書術①で「不満や願望こそ、『本を読む目的』の種である」と書きましたが、みなさんの中には、さほど強い不満や願望がなく、「本を読んで解決したい、具体的な課題が見当たらない」という人もいるでしょう。

そのような場合は、今後、解決したい何らかの課題が発生したときに、目的に合う本を読めばいいのではないかと僕たちは思います。

特に解決したい課題がない状態で、さほど興味が持てない本を無理やり読んでも、なかなか実践する気にはならないでしょうし、時間とお金をムダにし、読書に対して「つまらなかった」「役に立たなかった」というマイナスなイメージを抱くことになりかねないからです。

しかし、もしかしたら、「自分の性格や生活、人生を変える何らかのきっかけが欲しいけれど、具体的な不満も、やりたいことも思い浮かばず、何を読んだらいいかわからない」という人もいるかもしれません。

そのような人には、まず、自己啓発系の本を読むことをおすすめします。

好き嫌いはあるかもしれませんが、『多動力』（堀江貴文著、幻冬舎）や『ブチ抜く力』（与沢翼著、扶桑社）など、実際に成功している人や逆境を乗り越えて頑張った人の本には、読者に「本気で人生を変えよう」と思わせるパワーがあります。

あるいは、少し前の本になりますが、『金持ち父さん 貧乏父さん：アメリカの金持ちが教えてくれるお金の哲学』（ロバート・キヨサキ著、白根美保子訳、筑摩書房）や『お金持ちになれる黄金の羽根の拾い方 知的人生設計のすすめ』（橘玲著、幻冬舎）なども、生き方、働き方について考えるきっかけを与えてくれます。

健康本やビジネス本を読む前や、本に書かれた内容を実践する前に、こうした自己啓発本を読むのもおすすめです。

**自分の中で「人生を変えよう」というモチベーションが高まるからです。**

「何を読んだらいいかわからない」という人は、「こうなりたい」と思える人が書いた本や「こんな生き方がしたい」と思える人生が書かれた本を探し、それを繰り返し読んで、理想に向かうモチベーションを高めましょう。

第2章

# 「読む」だけで終わりにしない読書術 実践編 「レコーディング読書」

実践編

# 1

# 本で得た知識を実生活に活かす「レコーディング読書」のやり方

Point

知識を増やすことが目的ではない。

どれだけ実践し、経験を増やすか。

メソッドの効果を数値化して検証してみよう!

## 実際にやってみないと、そのメソッドが自分に合っているかはわからない

この章では、第１章の最後にご紹介した、本要約チャンネル流読書術⑦「レコーディング読書」を簡単に実践する方法について、具体的にお話しします。

すでにお伝えしたように、本を読む目的を具体化・明確化し、時間をかけて本を選び、課題を解決できそうなメソッドが見つかったとしても、それが本当にあなたに合うかどうか、効果が得られるかどうかは、あなた自身が実践してみなければわかりません。

どれほど「体の不調が改善されて健康になる」「パフォーマンスが上がる」「お金が増える」と書かれていても、そのメソッドがあなたの体質や性格に合わないこともあります。あるいは、慎重に選んだつもりでも、その本に書かれていることが、偏った知識や情報に基づいている可能性がないとも限りません。

また、最初のうちは効果があったメソッドでも、続けているうちに、あるいは自分の心身の状態や生活環境などの変化に伴い、効果がなくなってくることもあります。

それを見極め、アップデートするためには、一つのジャンルについて複数の本を読み、複数の考え方やメソッドを知ること、いいと思ったメソッドを実践し、常に記録し、検証することが必要不可欠なのです。

## たけみ流レコーディングメモを大公開！

ここであらためて、たけみの記録メモを2日分、お見せしましょう。
120〜122ページの図版をご覧ください。

たけみの場合は、一日をいくつかの時間帯に区切り、

- 何時に起き、どの時間帯にどのメソッドを実践し、何を食べ、何時に寝たか
- 各時間帯における仕事への集中力やパフォーマンスがどのくらいだったか
- メソッドを実践する中で気づいたこと

などを、かなり細かく記録しています。

しかし、これはあくまでも参考であり、みなさんにはここまで書いていただく必要はありません。

## これなら誰にでも簡単にできる！シンプルなレコーディングメモの作り方

では、実際にはどのような形で記録・検証をすればいいのか。

まず、124ページのサンプルをご覧ください。

もちろん、これもあくまでも例にすぎず、この通りの表を作っていただく必要はありません。

とにかく、

・実践するメソッド
・そのメソッドによって得たい効果
・メソッドを実践した日付と、体感できた効果の度合い
・メソッドを実践する中で気づいたこと

8/31(火) 起6:45 寝9時 よく寝た〜! (前日 サウナ・筋トレ) (+1)

PW・lis 25分・コーヒー

| | |
|---|---|
| 作業① | 7:30〜10:00 (+5) (2:30) 集中力(+5)! 9時ねたのと前日のサウナ筋トレのおかげ?? |
| 運動① | PW 20分・公園で少しアーシング |
| 作業② | 11:00〜1:00 (+3)〜(+4) (2:00) アーシングは効果ある気がする。 |
| 運動② | 筋トレ15分＋冷水シャワー |
| 作業③ | 2:00〜4:00 (+2)〜(+3) (2:00) 筋トレもよいが、ランニングの方がよいかも?? |
| 運動③ | PW 15〜20分 間食 ナッツ・サツマイモ |
| 作業④ | 5:00〜6:30 (+3) (1:30) ※間食影響なし! |
| 夜ごはん | 山盛りサラダ・野菜炒め(ブロッコリー・キャベツ)・卵やき・ブルーベリー・ナシ・リンゴ |
| 夜の儀式 | フロ入りながらマンガ・本 明日にそなえてリラックス |
| | 10:00くらいに寝た |

気づき

① 途中でどうしても腹へって、ナッツやサツマイモ食べたが、作業に影響なし 血糖値さえあがらないなら、少し間食してもOKっぽい。

② 前日にサウナ・筋トレで作業① +5の集中力出た! もう一度やって、集中力出るか要check!

③ アーシングや自然はわざわざやらないでウォーキングの時に少しでいいからやれ!

8/31（火） 起 6:45 （(す) 9h よくねた〜！ (前日) サウナ・筋トレ）(+1)
Pwlis25 分・コーヒー

| | | |
|---|---|---|
| 作業① | 7:30 〜 10:00 (+5) 2:30 | 集中力 +5 ！ 9h ねたのと<br>前日のサウナ・筋トレのおかげ ?? |
| 運動① | Pw20 分・公園で少しアーシング | |
| 作業② | 11:00 〜 1:00 (+3)〜(+4) (2:00) | アーシングは効果ある気する |
| 運動② | 筋トレ 15 分＋冷水シャワー | |
| 作業③ | 2:00 〜 4:00 (+2)〜(+3) (2:00) | 筋トレもよいが、<br>ランニングの方がよいかも !! |
| 運動③ | Pw15 〜 20 分 | |
| 作業④ | 5:00 〜 6:30 (+3)←間食（ナッツ・サツマイモ） (1:30)※間食影響なし！ | |
| 夜ごはん | 山盛りサラダ・野菜炒め（ブロッコリー・キャベツ）・卵やき・<br>ブルーベリー・ナシ・リンゴ | |
| 夜の儀式 | フロ入りながらマンガ・本<br>明日にそなえてリラックス | |
| | 10:00 くらいにねた | |

＜気づき＞

①途中でどうしても腹へって、ナッツやサツマイモも食べたが、作業に影響なし
血糖値さえあがらないなら、少し間食しても OK っぽい

②前日にサウナ・筋トレで作業①　+5 の集中力出た！
もう一度やって、集中力出るか要 check!

③アーシングや自然はやっぱでかいのでウォーキングの時に少しでいいからやれ！

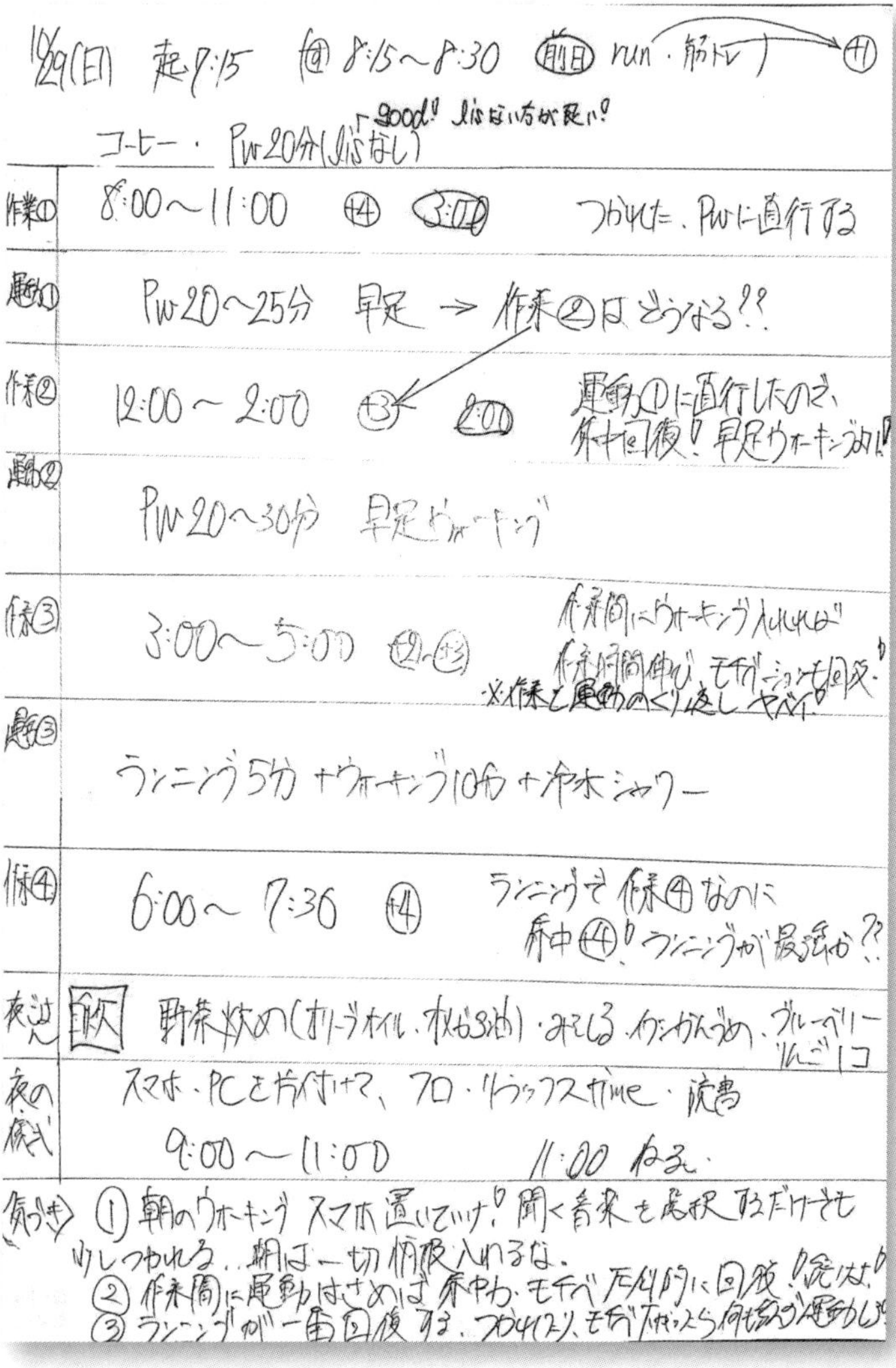

10/29(日)　起7:15　瞑 8:15〜8:30　前日 run・筋トレ → +1

「good! 具はない方が良い!

コーヒー・PW20分(具なし)

作業①　8:00〜11:00　+4　3:00　つかれた、PWに直行する

運動①　PW20〜25分 早足 → 作業②はどうなる??

作業②　12:00〜2:00　+3　2:00　運動①に直行したので、集中回復! 早足ウォーキングか!?

運動②　PW20〜30分 早足ウォーキング

作業③　3:00〜5:00　+2〜+3　作業間にウォーキング入れれば作業時間伸び、モチベーションも回復。
※作業と運動のくり返しヤバイ!

運動③　ランニング5分+ウォーキング10分+冷水シャワー

作業④　6:00〜7:30　+4　ランニングで作業④なのに集中+4! ランニングが最強か??

夜ごはん　自炊　野菜炒め(オリーブオイル・えごま油)・みそしる・イワシかんづめ・ブルーベリー・りんご1コ

夜の儀式　スマホ・PCを片付けて、フロ・リラックスtime・読書
9:00〜11:00　11:00 ねる。

気づき　① 朝のウォーキング スマホ置いていけ! 聞く音楽を選択するだけでも少しつかれる…朝は一切情報入れるな。
② 作業間に運動はさめば集中力・モチベ 圧倒的に回復! 発見!
③ ランニングが一番回復する。つかれたら、モチベ下がったら何も考えず運動しよ

郵 便 は が き

| 切手を<br>お貼りください |

105-0003

（受取人）

**東京都港区西新橋2-23-1**
**3東洋海事ビル**
**(株)アスコム**

**「読む」だけで終わりにしない読書術**
**1万冊を読んでわかった**
**本当に人生を変える方法**

**読者　係**

本書をお買いあげ頂き、誠にありがとうございました。お手数ですが、今後の出版の参考のため各項目にご記入のうえ、弊社までご返送ください。

| | | |
|---|---|---|
| お名前 | 男・女 | 才 |
| ご住所　〒 | | |
| Tel | E-mail | |
| この本の満足度は何％ですか？ | | ％ |
| 今後、著者や新刊に関する情報、新企画へのアンケート、セミナーのご案内などを郵送またはｅメールにて送付させていただいてもよろしいでしょうか？<br>□はい　□いいえ | | |

返送いただいた方の中から**抽選で5名**の方に
**図書カード5000円分**をプレゼントさせていただきます

当選の発表はプレゼント商品の発送をもって代えさせていただきます。

※ご記入いただいた個人情報はプレゼントの発送以外に利用することはありません。

※本書へのご意見・ご感想およびその要旨に関しては、本書の広告などに文面を掲載させていただく場合がございます。

●本書へのご意見・ご感想をお聞かせください。

ご協力ありがとうございました。

10/29（日） 起7:15（(す) 8:15～8:30 (前日) run・筋トレ） (+1)
コーヒー・Pw20分（lisなし）← good!　lisない方が良い！

| | | |
|---|---|---|
| 作業① | 8:00～11:00 (+4) (3:00) | つかれた、Pwに直行する |
| 運動① | Pw20～25分　早足→作業②はどうなる?? | |
| 作業② | 12:00～2:00 (+3) (2:00) | 運動①に直行したので、集中回復！早足ウォーキングよい！ |
| 運動② | Pw20～30分　早足ウォーキング | |
| 作業③ | 3:00～5:00 (+2)～(+3) | 作業間にウォーキング入れれば作業時間伸び、モチベーションも回復！ ※作業と運動のくり返しヤバイ！ |
| 運動③ | ランニング5分＋ウォーキング10分＋冷水シャワー | |
| 作業④ | 6:00～7:30 (+4) | ランニングで作業④なのに集中(+4)！　ランニングが最強か?? |
| 夜ごはん | 自炊　野菜炒め（オリーブオイル・オメガ3油）・みそしる・イワシかんづめ・ブルーベリー・リンゴ1コ | |
| 夜の儀式 | スマホ・PCを片付けて、フロ・リラックスtime・読書<br>9:00～11:00　11:00ねる | |

＜気づき＞

①朝のウォーキング　スマホ置いていけ！　聞く音楽を選択するだけでも少しつかれる…朝は一切情報入れるな。

②作業間に運動はさめば集中力・モチベ圧倒的に回復！　続けよ！

③ランニングが一番回復する。つかれたり、モチベ下がったら何も考えず運動しろ！

| メソッド | 得たい効果 | 日付と効果 | | | | | | 気づいたこと |
|---|---|---|---|---|---|---|---|---|
| | | 1/1 | 1/2 | 1/3 | 1/4 | 1/5 | 1/6… | |
| 朝散歩 | 集中力アップ | +3 | +3 | +2 | +2 | +5 | +5… | 1/5 にスマホを家に置いて出ると、効果が上がった |
| | 体調アップ | +4 | +4 | +4 | +4 | +5 | +5… | |
| バターコーヒー | 集中力アップ | +1 | +1 | +5 | +5 | +5 | +5… | 効果落ちていたが、1/3 にブラックに変えると効果が上がった |
| ランニング | 集中力アップ | +3 | +3 | +3 | +4 | +4 | +4… | スマホは持たないほうがいい |
| | 体調アップ | +3 | +3 | +3 | +4 | +4 | +4… | |
| 瞑想 | 集中力アップ | +2 | +2 | +2 | +3 | +3 | +4… | 掃除への集中でも効果あり |
| | メンタル強化 | +2 | +2 | +2 | +3 | +3 | +4… | |

がわかることが大事なので、「どのメソッドを実践したのか」「そのメソッドによって得たい効果は何か」さえわかれば、あとは手帳やカレンダーに「-3」「-1」「0」「+2」「+5」など、体感できた効果の度合いを数字で記入していくだけでも大丈夫です。

また、体感できた効果の度合いについては、僕たちは、そのメソッドを実践した後に、

・ハイパフォーマンスな時間が過ごせたか
・以前より活動的になったか
・以前よりやる気が上がったか
・前向きになれているか

といったことを-5〜+5までの数値で評価しています。

しかし、もっと細かくしたい人は-10〜+10、もっと大まかでいい人は-3〜+3にするなど、やりやすい形にしていただいてかまいません。

貯金や投資など、お金に関することなどは、ある程度の期間（一週間ごと、ひと月ごとなど）

でどのくらいお金が貯まったか、増えたかが把握できれば、毎日記録をつける必要はありません。

本を読み、効果がありそうだと感じたメソッドがあれば、まずは2週間ほど続け、効果を記録してみてください。

**同じような効果が期待できるメソッドが複数ある場合は、両方を試してみて、どちらのほうがより高い効果が得られるか、比べてみるのもいいでしょう。**

その結果、効果があると感じられたものは、生活の中に採り入れてルーティーン化し、効果がまったく感じられなかったものについては、やり方を変えてみるか、実践を中止します。

たとえばたけみの場合、朝散歩に関しては、スマホを持って出たときとスマホを家に置いて出たときとでは、後者のほうが集中力アップ効果が高いと感じました。

ほかに、ブラックコーヒーに「グラスフェッドバター」(牧草だけを食べて育った牛から作られる、栄養価の高いバター)と「MCTオイル」(ココナッツなどのヤシ科の植物から作られる天然由来の植物油)を混ぜ合わせて作る「バターコーヒー」に集中力アップ効果があると知り、実践してみたところ、最初のうちは効果があると実感しました。

しかし、日がたつにつれて効果が薄れてきたため、バターコーヒーの代わりにブラックコーヒーを飲んでみたところ、そちらのほうが効果が高いと感じられたため、現在では集中力が低下したとき、もっぱらブラックコーヒーを飲んでいます。

このように、同じメソッドでもやり方を変えることで効果が変わったり、時間の経過に伴って効果が高まったり、逆に低下したりすることがあります。

試験的に実践しているメソッドはもちろん、ルーティーン化したメソッドについても、できれば定期的に効果をチェックし、**「そのときの自分にとっての最適」**をキープするとよいでしょう。

実践編

# 2

# ビジネス、キャリア、健康……。レコーディング読書を使って、目標を達成する方法

Point

年収も上がる、知識量、読解力が高まる。

健康を維持する、パフォーマンスを上げる。

批判的思考も、自分の意見も持てる。

どんな目標も達成できる。成長できる。

## メモをとることで、モチベーションがキープできる

「レコーディングダイエット」同様、「レコーディング読書」の「レコーディング」は「記録」という意味です。

つまり、「いつ、どのような状況で、どのメソッドを実践したか」「それによってどのような効果が得られたか」を記録したメモこそ、「レコーディング読書」のキモとなります。

レコーディングダイエットになぜ効果があるかというと、食べたものや体重の増減などを記録することで、「自分の現状を把握できる」「今まで、なぜ痩《や》せられなかったかがわかる」「記録することで、効果を実感することができ、続けようというモチベーションが上がる」「どのダイエット法が自分に合っているかがわかる」「自分をコントロールできるようになる」からです。

そして、レコーディング読書も、基本的にはこれと同じです。

何らかの目的を達成（課題を解決）するためにメソッドを実践し、その効果を記録することで、

・自分の現状が把握できる
・目標を達成するうえで、どのメソッドがもっとも効果的なのか、自分に合っているのかがわかる
・効果が上がった場合には、それを記録することで効果を実感できる

といったメリットが得られ、「そのメソッドを続けよう」「目標を達成しよう」というモチベーションを維持することができるのです。

## レコーディングメモの効果的な取り方

メモの取り方は基本的には自由ですが、レコーディング読書の効果をより高めるために気をつけていただきたいポイントをいくつか、あらためて記しておきます。

一つめは、「いつでも見返せるような状態にしておくこと」。

どこに記録してもかまいませんが、後で自分で見返し、検証をする必要があるので、カレンダーや手帳、ノートなど、なくしてしまったり散逸《さんいつ》したりする可能性が少ないところに書くようにしてください。

二つめは、「いつ、どのような状況でそのメソッドを実践したのか」「その結果どうなったのか」がわかるようにしておくこと。

たとえば、「読書の合間に眠くなったので、5分間のランニングをしたところ、気分がリフレッシュし、その後3時間、読書に集中することができた」のであれば、それがわかるように書きます。

もちろん、文章で書く必要はありません。

「読書。眠い。5ｍのラン→3ｈ集中」といった具合に、自分だけにわかる書き方で大丈夫です。

それをきちんと記録しておけば、後で見返したときに、「どのような状況で、どのメソッドを実践すれば、どの程度の効果が得られるか」を自分で確認することができます。

三つめは、「効果を評価するときは、『メソッド実践時の気持ち』に左右されないこと」。

125ページに、「体感できた効果の度合いを数字で記入してください」と書きましたが、ここで記入するべきなのは、「メソッドに対する評価」ではありません。

「そのメソッドを実践した結果、どのような効果が得られたか」「その後で行った作業にどのような影響があらわれたか」を書きます。


たとえば、あなたが、「午前中の仕事のパフォーマンスを高めたい」と思い、第3章で紹介しているような「朝散歩」を実践したとします。

もし散歩自体は気持ちよかったとしても、午前中の仕事のパフォーマンスが、朝散歩をしなかった日とあまり変わらないようであれば、評価は「0」になります。

逆に、朝散歩自体は「面倒くさいなあ」「疲れるなあ」と思っても、午前中の仕事に集中でき、朝散歩をしなかった日に比べて、はるかに高いパフォーマンスを発揮できたなら、評価は「+5」などになります。

食事や睡眠などに関するメソッドも同様です。

もしあなたが、「質の良い睡眠をとることによって、翌日の仕事に集中できるようにしたい」と考えているなら、「そのメソッドによって質の良い睡眠をとれたかどうか」ではなく、「メソッドを採り入れて眠った結果、翌日の仕事への集中度がどう変化したか」を記入してください。

## 「そのメソッドを実践することによって、どのような効果を得たいのか」をあらためて明確にする

レコーディング読書を最大限に有効活用するために重要なのは、「そのメソッドを実践することによって、どのような効果を得たいのか」を、再度明確にしておくことです。

たとえば、第3章では、僕たちがルーティーンに採り入れた「最強習慣」を5つ紹介しています。

「朝散歩」「瞑想」「リセット運動」「究極の食事」「究極の睡眠」と、いずれも健康系のものばかりのように見えます。

たしかに、それを実践することで健康効果も得られるかもしれませんが、現時点で、僕たちにとってもっとも重要な目標（課題）は、「仕事のパフォーマンスを上げること」です。

パフォーマンスを上げるうえでもっとも効果的なのが「心身を健康に保つこと」なので、ルーティーンに組み入れるメソッドが、どうしても健康系のものに偏ってしまいがちですが、**5つの最強習慣はすべて、「仕事のため」のもの**なのです。

ただ、人によって、「メソッドを実践することで達成したい目的」はさまざまです。

朝散歩一つとっても、それによって「午前中、ついダラダラすごしてしまうのをやめ、時間を有効に使いたい」という人もいれば、「ストレスを解消し、一日を気持ちよく過ごしたい」という人、「夜、ぐっすり眠れるようにしたい」という人もいるでしょう。

ですから、とにかく「メソッドの実践によってどのような目的を達成したいのか」を、自分の中で明確にしておくこと。

そこがあいまいなままだと、効果を正確に記録し、検証することができなくなってしまいます。

そして、毎日、そのメソッドを実践することによって、目的に対してどのような効果が得られたのかを、記録し、確認し、評価するようにしてください。

その積み重ねの果てに、目的を達成するためにもっとも効果が高く、あなたに合ったメソッドが見つかるはずですし、メソッドの実践を繰り返した先に、あなたが望む通りの生活や人生が待っているはずです。

実践編

# 3

# 本の力を最大限生かし、自由な時間と喜びを増やす

Point

最短最速で望み通りの人生へ近づく。

自分の人生に「時間の余裕」をつくる。

我慢しなくていい、自分らしい人生が手に入る。

## レコーディング読書の究極の目的は、人生の不安を解消し喜びを増やすこと

第1章でもお伝えしたように、人は納得しないと行動できません。

レコーディング読書は、本に書かれている内容を実践し、記録・検証し、自分を納得させたうえで、常に生活習慣をアップデートしていく読書術です。

それに伴い、「仕事や勉強に集中できない」「やる気が出ない」「健康面が心配」「将来が心配」といった不安や不満、焦りなどが少しずつ取り除かれ、生活の質や心身の状態が高まり、人生のあり方が変わっていきます。

僕たちが1万冊以上の本を読み、メソッドの実践・記録・検証を行っているのも、日々の生活や人生から不安や不満、焦りを取り除き、より安心できる生き方をしたいと考えているからです。

生きている限り、人には常に不安がつきまといます。

世の中にはさまざまな考え方があり、先のことは誰にもわかりません。
こんなにも情報があふれているのに、「これが正解だ」と言いきれることは、この世界にはほとんどないと言ってもいいでしょう。

そして、一人の人間にできることにはどうしても限界があり、向き不向きもあります。
不安になるのも、不満や焦《あせ》りが生まれるのも、仕方がありません。

しかし、だからといって、ただ「あれも不安」「これも不安」といたずらにおびえていても気が休まりませんし、不安に振り回されるだけで、何も行動を起こさないのは、人生の時間のムダ遣いでしかありません。

何かに不安を感じているなら、それを解消するためにはどうすれば良いかを知り、実践し、自分に合っているかどうかを検証し、自分なりに納得できるものを生活の中に採り入れていきましょう。
「ここまでやってダメだったら仕方がない」と思えるまで、さまざまなメソッドを試してみましょう。

健康に不安があるなら、食事をはじめ生活習慣を見つめ直し、心身の調子を整え、病気を遠ざける。

お金に不安があるなら、節約や貯金、投資などによって支出を減らし、収入を増やす。

働き方に不安があるなら、ほかにどのような働き方があるのかを知り、より自分らしく働くために行動を起こす。

真の意味で不安を取り除く方法は、それ以外にないのです。

そして、不安や不満、焦りが解消されれば、その分、喜びが多くなっていきます。

「心身を健康にする効果がある」と自分なりに納得できる食事方法があれば、それを実践することで少しずつ不安が解消され、心身が健康になる喜びが多くなります。

「このやり方ならお金が増える」と自分なりに納得できる投資方法があれば、それを実践することで少しずつ不安が解消され、お金が増える喜びが多くなります。

「これなら楽しく無理なく働くことができる」と自分なりに納得できる働き方があれば、それを実践することで少しずつ不安が解消され、働く喜びが多くなります。

いかがでしょう？

みなさんも、今抱えている不安や不満、焦りを解消し、人生を喜びで満たしていきたいと思いませんか？

## 本こそが、目標を達成し、望み通りの人生へ近づく早道

その際にもっとも役に立つのが、本であり、読書です。

解決したい課題があるとき、自分一人でゼロから考えるのは難しく、時間もかかります。

しかし、本には、その道の専門家である著者の知見が詰まっており、あなたが課題を解決するまでの時間を大幅に短縮してくれます。

テレビの情報は一瞬で流れてしまうため、録画でもしていない限り、繰り返し観ることはできません。

ネットの情報は便利ですが、どのような人が書いているのかわからず、信憑《しんぴょう》性に欠ける

ものもたくさん混じっています。

その点、本は、基本的には出版社という企業や著者の実績が信頼性を担保してくれますし、一冊の中に課題解決の実践方法から裏づけまで、必要な情報がすべて書かれており、繰り返し読むことができます。

・第1章でご紹介した読書術を利用し、短時間で読める本要約サイトなどに「相談相手」になってもらって、自分の課題を深掘りする。あるいは、潜在的な欲求や目標などを明らかにする

・課題を解決（目的を達成）するのにふさわしい本を選び、必要な箇所を読む

・本に書かれている内容を実践し、記録・検証し、自分に合ったメソッドを見つけ出し、生活に採り入れる

という、レコーディング読書の一連の流れを実行することで、課題が解決され、不安が解消します。

そして、

・集中力を持続させられるようになる
・モチベーション、やる気を自在に操れるようになる
・質の高い睡眠がとれるようになり、疲れがとれやすくなる
・加齢やアレルギーなどによる心身の不調や、生活習慣病、がんなどの病気が遠ざかる
・お金に関する悩みがなくなる
・仕事や対人関係のストレスが減る

といった具体的な効果があらわれ、喜びが増えていきます。

さまざまな不安を抱えたまま悩んでいるより、さまざまなメソッドを用いて不安を解消したほうが、人生の喜びは確実に増えます。

集中力を欠いたまま、自分のプライベートの時間を削ってダラダラと仕事をし、かつ成果が出せない状態を続けるより、さまざまなメソッドを用いて仕事を短時間で終わらせ、成果を出し、プライベートを楽しんだほうが、人生は確実に充実します。

仕事にあてる時間が8時間あったら、今やらなければならないことを6時間で終わらせ、2時間は未来のことを考えたほうが、より自分らしい人生を歩むことができるようになりま

す。

実践するメソッドによっては、すぐに効果があらわれるものも、最初のうちは少ししかあらわれないものもあるでしょう。

いずれにせよ、しばらく続けることで、中長期的な目標を達成し、いずれ自分の望む自分になり、自分の望む生き方ができるようになります。

たった1500円程度のお金を投資するだけで、人生を豊かにするための手がかりをつかみ、一歩踏み出すことができるのです。

一度、レコーディング読書によって人生が変わっていく喜びを知ったら、おそらくあなたはどんどん本を読み、実践したくなるはずです。

実践編

# 4

# レコーディング読書によって、僕たちの人生が変わるまで

Point

高校中退、体調不良のニートから
本の力で医学部に入学。

ビジネス書を読み、学生起業。

今ではYouTuber、経営者となり
海外へ移住を達成！

## 幼い頃から体が弱く、「体調の悪いニート」だったたけみ

実際、僕たちも、レコーディング読書によって人生が大きく変わりました。

ここでは、たけみの話をご紹介しましょう。

たけみは物心がついた頃からずっと、原因不明の体の不調に悩まされていました。

まず困ったのが、朝起きられないことです。

もともと発達障害（ＡＤＨＤ）の傾向があったせいか、保育園で無理やり昼寝をさせられたり遊ばされたりすることに抵抗感があり、保育園に通うことが苦痛で仕方ありませんでした。

そうした精神的な理由のせいなのか体質的なものなのかはわかりませんが、とにかく毎朝ギリギリまで起きることができず、保育園児でありながら整体に通わなければならないほど、常にだるさを感じていました。

小学校にあがると、体調はさらに悪化しました。

朝起きられなかったりだるかったりするだけでなく、起き上がるとふらふらするようになり、医師からは「起立性調節障害」（起立時にめまいや動悸、失神などが起きる、自律神経の機能失調）という診断が下りました。
加えて、喘息の発作まで始まり、小学校は半分くらい、中学校は3分の1くらいしか通えませんでした。

高校に入学してからも体調の悪さは変わらず、学校に通えない日が続きました。
その結果、単位が足りなくなり、高校2年生の途中で退学することになったのです。

以後、実家を出ていた姉と一緒に暮らしたり、一人暮らしを始めてみたりしたのですが、環境を変えても、どんな薬を飲んでも体調が良くなることはなく、3年間ほど、ほぼ寝たきりの生活を送ることになりました。
寝たきりといっても、体を横たえているだけで、睡眠の質は悪く、熟睡できるわけではありません。

そして心の中は、「家族も友だちも街を歩いている人たちも、みんな何もしなくても元気なのに、なぜ自分だけがこんな目に……」という、生まれつきの体の弱さへの恨み、体の自由がきかなくて一番つらいのは自分自身なのに、周囲の人から「怠《なま》けているだけでしょ」「甘えるな」「みんな頑張ってるんだよ」などと言われてしまうことへの怒りや苦しみ、将来への不安などでいっぱいでした。

さらに、高校に入った頃から目の調子も悪く、痛みやまぶしさで目が開けられないことがしばしばあったため、「このままでは失明するのではないか」という恐怖もありました。

子どもの頃からずっとつらい状態が続いてはいましたが、「体調の悪いニート」だったこの時期は、まさに人生のどん底でした。

## ただ本を読むだけでは、人生は変わらないことに気づく

転機が訪れたのは、20歳になったときでした。

3年間、ほとんど何もできないまま成人を迎え、「同級生たちはみんな大学に行ったりして、どんどん前に進んでいるのに、自分だけ立ち止まったままだ」「自分の人生はどうなってしまうのだろうか」という焦りが生じ、「自分の体を良くしたい」「現状を変えたい」と強

く願うようになったのです。

そこで、すがりついたのが、「本」でした。

当時はまだ、ＹｏｕＴｕｂｅで情報を発信している医師などおらず、ネットの情報もいま一つ信頼性に欠けたため、「やはり本しかない」と思ったのです。

体調には波があり、ときには少しだけ調子がいい日もあったので、そんな日に、近所の書店の健康本のコーナーに行っては、参考になりそうな本を手当たり次第に読むようになりました。

**ところが、健康本を数百冊読んだあたりで、ふと我に返りました。**

**本をどれだけたくさん読んだところで、まったく体調が良くなっていない自分に気づいたのです。**

役に立ちそうなことが書いてある本を読むと、その瞬間は満足感が得られます。

でも実際には、本を読んだだけでは、自分の体も人生も、何一つ良くなっていないのです。

また、何冊かの健康本に書かれていた、「病院に行きさえすれば、医者が病気を治してくれるわけではない。患者が、自分の力で治すという意識を持ち、行動しなければ、治るものも治らない」といった内容も、心に刺さりました。

**そこで、「ただ本を読むだけでは意味がない」と思い、「どうすれば健康な体を手に入れられるか」を真剣に考えた結果、たどりついたのが、レコーディング読書でした。**

つまり、本に書かれている内容のうち、少しでも役に立ちそうなものがあれば片っ端から実践し、実践した内容や実感した効果をメモに書き、検証し、自分に合うと判断したものをどんどん生活に採り入れるようになったのです。

その結果、まず大きく変わったのが「食事」です。

一人暮らしを始めてから、食事は外食やコンビニ弁当などに頼っていたのですが、本を読んで、市販の食品に、体に悪い影響を与える食材や添加物が多く含まれていることを知り、体調のいいときには、できるだけオーガニックの食材を使い、自炊をするようになりました。

驚いたことに、これが効果てきめんでした。

それまで、どんな薬を飲んでもまったく良くならなかった体調不良が、本に書かれている通りに食事内容や生活習慣を変えただけで改善され、「調子の良い時間」が次第に増えていったのです。

## 自由に動ける時間が増え、医学部に入学する

少しずつ「自由に動ける時間」を手に入れ、将来について具体的に考えることができるようになったたけみは、次に「医者になるための勉強を始めよう」と考えました。

「自分が医学を学び、医者になれば、体調不良の根本的な原因やより良い改善方法がわかるかもしれない」と思ったからです。

そこで、参考書や問題集を買い込んで、体調のいいときに受験勉強をするようになり、数年後に、某国立大学の医学部に入学しました。

りょうと知り合ったのは、大学1年生のときです。

子どもの頃から体が弱くて、ほかの同級生より歳上で、本好きで……と共通点が多く、僕

たちはすぐに意気投合しました。

たけみは、その頃には、自炊だけでなく、「朝、起きたら必ず日光を浴びる」「睡眠の質を高めるため、寝る前はパソコンなどを触らず、必ずリラックスタイムをとる」といったことも実践していました。

いずれも、さまざまな本に書かれていたことですが、おかげで睡眠の質が向上し、いつの間にか、同世代の「普通の人」とほぼ同じくらいのパフォーマンスを発揮できるくらいにまで、心身の調子がよくなっていました。

健康本を読み、実践することで、これまで原因すらはっきりわからなかった体調不良を克服することができたのです。

## ビジネスにもレコーディング読書を応用する

体力的にも精神的にも余裕ができたたけみは、りょうと共に、健康本だけでなくビジネス本や自己啓発本も読み始めました。

二人とも奨学金を借りて大学に通っていたため、なるべく早く返済してしまいたいという思いから、ビジネスに興味を持ったのです。

本の中にはいい加減なもの、誤ったデータや理論に基づいて書かれているもの、考え方が偏っているものもたくさんあるため、一冊に書かれていることだけを鵜呑《うの》みにするのは危険であり、一つのテーマについて、必ず複数の本を読み、内容が正しいかどうかをきちんと検証する必要があります。

しかし、そのプロセスを経て、ある程度やるべきことを絞り込んだら、あとは行動（Do）と修正（Check）を繰り返すだけで、確実に人生を変えることができます。

というより、実践しなければ、どんなにたくさんの本を読んでも、まったく役に立たず、時間のムダにしかなりません。

健康本での成功体験から、僕たちはそう強く確信していました。

そこで、大学の勉強をしながら、ビジネス本に書かれていることを参考に、まず二人で始めたのが「家庭教師の派遣サービス」でした。

僕たちが通っていた大学がある地域のご家庭には「医学部生に家庭教師をしてほしい」という根強いニーズがあり、「家庭教師のアルバイトで稼ぎたい」という医学部生もたくさんいました。

家庭教師の派遣を行っている会社はいくつもありますが、その地域には、医学部生に特化した派遣サービスはなく、「この2つをつなげることができたら、地域の方にも学生仲間にも喜んでもらえるかもしれない」と思ったのが、サービスを始めた理由です。

また、ほかの同級生に比べるとはるかに年上だった僕たちには、ビジネスを通して、少しでもみんなとの距離を縮めたい、みんなと関わる機会を増やしたいという思いもありました。

同級生に声をかけて先生候補を確保しつつ、新聞広告で生徒を募集したところ、いずれも希望者がたくさん集まり、家庭教師派遣サービスは順調にスタートしました。

## 「幸福な気持ちで取り組むことが、人生を成功に導く」

家庭教師派遣サービスの運営をしながら、医師を目指して勉強を重ねていたあるとき、僕たちは『幸福優位7つの法則　仕事も人生も充実させるハーバード式最新成功理論』（ショーン・エイカー著、高橋由紀子訳、徳間書店）という本に出会いました。

それまで、僕たちは、幸福は努力の末、何らかの成功を手にしたときに感じられるものだと思っていました。

でもこの本には、次のように書かれていました。

「幸せは、『成功に先行する』のであり、単なる『成功の結果』ではない。幸福感や楽観主義は、実際に業績を高め優れた成果をもたらす。（中略）幸せを先送りすれば、脳がもつ『成功の可能性』を狭めてしまうことになる。逆に、脳をポジティブで前向きな状態にすれば、モチベーションが高まり、効率的に働ける。挫折から立ち直る力もわき、創造性が増し、生産的になる。仕事はずっとうまくいくようになる」

これは目からうろこでした。

「幸福」と「成功」の順番はまったく逆であり、幸福な気持ちで取り組むことが、人生を成功に導くというのです。

僕たちは「瞑想する」「意識して人に親切にする」「ポジティブな感情が生じやすい環境をつくる」「運動する」など、本に書かれている「脳をポジティブで前向きな状態にする」ための方法を実践しつつ、「どうすれば、常に幸せな気持ちで働き、生きることができるだろうか」と話し合うようになりました。

答えを求め、さまざまな本を読む中で、よく目にしたのが「やりたいことをどんどんやったほうがいい」「自分の幸せだけでなく、ほかの人の幸せを自分の幸せだと感じられるようになれば、幸せの量は無限に増えていく」といった言葉です。

僕たちが医学部に入ったそもそもの理由は、ありていに言えば、「自分の心身の状態を改善したい」と考えたからです。

他の同級生のように「他の人を救いたい、他の人の役に立ちたい」といった崇高《すうこう》な考えは持っていませんでした。

しかし、医学部でさまざまなことを学んだり、心身の調子がよくなって余裕が生まれ、こうした考え方に触れたりするにつれ、「医学の知識や本で学んだことを生かして、自分と同じように苦しんでいる多くの人たちの力になりたい」という思いが強くなっていきました。

それから僕たちは、さまざまなことを通して、自分たちはもちろん、同じように苦しんでいる多くの人を助けるためにアプローチをしてきました。

苦しんでいる人を助けることが、自分たちの喜びになっていったのです。


同時に生活も安定していきました。

人のために活動し、結果としてそれが自分たちのためになる。

まさに理想とも言える好循環の中で、僕たちは成長していくことができました。

## 人の役に立ちたいという思いから、「本要約チャンネル」をスタートさせる

そして数年後、それらの集大成として開設したのが、本要約チャンネルです。

僕たちにとって、もっとも好きなものは本であり、いつか本に関する発信をしたいという思いは、ずっと心の中にありました。

それと同時に、「本で学び、実践し、効果があったことを人に伝えたい」「多くの人に、本を読んで実践することの大切さ、素晴らしさを伝えたい」という思いもありました。

そんな、さまざまな思いが結実したのが、本要約チャンネルなのです。

最初のうちは右も左もわからず、なかなか結果が出ませんでした。

でも、やはり行動（Do）と修正（Check）を繰り返していくうちに、徐々に多くの人に観てもらえるようになりました。

収益の柱がほかにあるということもあり、このチャンネルに関しては採算度外視、GIVEの精神で取り組み続けることができたことも、チャンネルが成長した要因の一つだといえるかもしれません。


そういった考え方もすべて、本から学んだものです。

本によって得た知識が、チャンネルを成長させ、それによって本の素晴らしさを伝えることができる。

まさに僕たちが理想とするチャンネルができあがりました。

今では多くの方から、「本を読むようになった」「人生が変わった」との声をいただけるようにもなりました。

10年前の僕たちでは想像すらできないところまで、本が連れてきてくれたのです。

## 本が、レコーディング読書が、僕たちの人生を変えてくれた

ちなみに、僕たちは今、海外に移住しています。

理由は、単に「海外に住みたいから」ではなく、体調が安定するからです。

この時代、Wi－fiさえつながれば、仕事は世界中どこでもできますし、日本のように四季が豊かな国よりも、常に天気がよく気候の変動が少なく晴天の日が多い地域のほうが、自律神経が安定します。

しがらみや誘惑の多い日本を離れ、海外に出たほうが、自分たちがやるべきことに集中できるのではないかという考えもありました。

おかげで、二人とも日本にいたとき以上に健康になり、今は「人並み以上」のパフォーマンスを発揮できるようになったと感じています。

これが、僕たちがたどってきた道筋です。

子どもの頃から体が弱く、学校にもほとんど行けず、未来がまったく見えない。

そんな苦しい毎日から抜け出し、いつの間にか心身の不調を完全に克服し、自分に合う仕事を、自分に合う場所でできるようになっていた。

昔のことを考えると、今の自分の状態が信じられません。

僕たちがやったことといえば、ただ本を読み、書かれているメソッドを実践し、記録・検証し、自分に合うものを生活に採り入れただけです。

**健康本を読んで、ほぼ寝たきりのニートを脱却し、医学部に入学することができた。**

**ビジネス本を読んで、学生起業し、社会経験を積み、仲間を増やすことができた。**

病気で立ち上がれなかった日々を変えてくれたのも、人より遅れて入学した大学で有意義に過ごせたのも、人生の可能性を何倍にも広げてくれたのも、本でした。

無数の本が、そこに書かれていたメソッドが、目の前に立ちふさがった難題、難問から、僕たちを救ってくれたのです。

もし僕たちが本の素晴らしさに気づいていなければ、レコーディング読書にたどりついていなければ、どこかの時点で人生を終えていたかもしれません。

本には、レコーディング読書には、それだけの力があるのです。

みなさんも、ぜひやってみてください。

課題を克服し、生活の質を高め、より素敵な人生を手に入れてください。

なお、僕たちは、161ページの表に記したように、これまで数多くのメソッドを実践してきました。

第3章では、そのうち、特に「生活の質が高まり、パフォーマンスが上がり、人生が変わった」と実感し、ルーティーン化したメソッドについて、詳しくお伝えします。

―― 僕たちが今までに実践してきたメソッドの一部 ――

| 生活習慣 | |
|---|---|
| ・サウナ | ・起床後ヨガ |
| ・冷水シャワー | ・就寝前ヨガ |
| ・ストレッチ | ・朝入浴 |
| ・朝散歩 | ・夜入浴 |
| ・朝日光 | ・スリーグッドシングス |
| ・筋トレ | ・起床時間固定 |
| ・パワーナップ | ・早起き |
| ・起床後換気 | ・就寝時間固定 |
| ・就寝前換気 | ・睡眠時間チェック |
| ・マッサージ | ・HIIT |
| ・マインドフルネス瞑想 | ・寝る前オイル |
| ・就寝前のブルーライトカット | ・夕方運動 |
| ・一日を通したブルーライトカット | ・作業途中運動 |
| ・睡眠の質計測 | |

| 食事 | |
|---|---|
| ・赤ワイン | ・起床後90分後のコーヒー |
| ・グルテンフリー | ・正午のコーヒー |
| ・レクチンフリー | ・間食リスト（サツマイモ、サラダ、果物等） |
| ・プラントベースホールフード | ・外食NG |
| ・グラスフェッド | ・加工食品NG |
| ・オーガニック | ・食後フロス |
| ・朝食 | ・添加物断ち |
| ・起床後の水分補給 | ・オメガ3脂肪酸 |
| ・食後ウォーキング | ・飽和脂肪酸 |
| ・週末断食 | ・サプリ関連 |
| ・16時間断食 | ・プロバイオティクス |
| ・一日一食（24時間断食） | ・プレバイオティクス |
| ・糖質制限 | ・リポソームビタミンC |
| ・起床直後のコーヒー | |

| 全般 | |
|---|---|
| ・ToDoリスト | ・電子書籍 |
| ・やらないことリスト | ・音声書籍 |
| ・ジャーナリング | ・仕事前ルーティン（音楽を聞く等） |
| ・デジタルデトックス | ・感謝の時間を作る |
| ・アファメーション | ・翌日の計画をたてる |

# 第3章

# 1万冊を読んで
# わかった
# 「本当に人生が変わる」
# 5つの最強習慣

最強習慣

# 1

# あらゆるメソッドの中でもっとも効果が高かった「朝散歩」

Point

レコーディング読書で
自分にぴったりのルーティーンを見つけよう。

朝散歩は、最初の実践におすすめ。

集中力もパフォーマンスも
劇的に上がる。

## レコーディング読書を通して、最強ルーティーンを見つけよう

この章では、1万冊以上の本を読んできた僕たちが、レコーディング読書を通して「自分たちに合っている」「これをやれば生活の質が高まり、パフォーマンスが上がり、人生が変わる」と確信し、毎日実践している最強のルーティーンをいくつかご紹介します。

いずれも「心身の調子が良くなる」「集中力が高まり、パフォーマンスが上がる」と実感し、何年も続けているものばかりですが、もちろん人によって合う合わないはありますし、効果の度合いも異なります。

ですから、僕たちのケースを参考にしつつ、みなさんもレコーディング読書を通して、みなさん自身にとっての最強ルーティーンを見つけてください。

## あらゆるメソッドの中で、もっとも効果が高かった朝散歩

最初にご紹介したい最強習慣は、「朝散歩」です。

僕たちはこれまで、本に書かれていた数々のメソッドを実践してきましたが、その中でもっとも効果を実感できたのが、朝散歩でした。

僕たちが初めて「朝散歩」という言葉を知ったのは、2017年に刊行された、『神・時間術』(樺沢紫苑著、大和書房)を読んだときでした。

最強習慣②と⑤でもお話しするように、僕たちはもともと「運動」の重要性は認識していたし、たけみは10年ほど前から、セロトニンを活性化させ、睡眠の質を高めるため、「朝起きたら日光を浴びる」という習慣を続けていましたが、『神・時間術』に、

「朝起きたら、15～30分程度、少し早足で外を散歩してみてください。これだけで、『日光を浴びる』＋『リズム運動』で一石二鳥のセロトニン活性効果があります」

と書かれていたのを読み、「実践する価値が高そうだ」と感じたのです。

ちなみに、セロトニンは、人に幸福を感じさせる脳内物質で、「幸福ホルモン」ともよば

れています。

幸福ホルモンには、ほかにドーパミン、オキシトシンなどがありますが、それぞれもたらす幸福の形が異なります。

第1章でもお話ししたように、ドーパミンは、努力し目的を達成したときや、目の前の快楽におぼれているときなどに分泌され、達成感や高揚感をもたらします。

オキシトシンは、親しい相手やペットなどと楽しい時間を過ごしているとき、人に親切にしたとき、感謝したときなどに分泌され、つながりや愛情を感じさせてくれます。

一方、セロトニンには自律神経のバランスや体内時計を整える働きがあり、人に癒しや安らぎをもたらします。

またセロトニンは、質の良い睡眠を促す「メラトニン」というホルモンの原料でもあります。

そのため、セロトニンがきちんと分泌されていると、心身の調子が安定し、よく眠れるようになり、朝、すがすがしい気分で目を覚まし、「今日も一日頑張ろう」という気持ちになります。

逆に、セロトニンが不足していると、睡眠の質が下がったり、不安やイライラを感じやすくなったり、朝、目が覚めたときに「何もしたくない」という気持ちになったりします。

## 朝散歩で、幸福ホルモン「セロトニン」の合成と分泌が最大限に活性化する

では、セロトニンが十分に分泌されるにはどうすればいいのか。

実は、体内のセロトニンの量を増やすうえで重要なのが、「朝日を浴びること」です。朝日を浴びることで、体内のセロトニン合成のスイッチが入り、午前中に活発に合成・分泌されるからです。

ほかに重要なのは、セロトニンの材料になるたんぱく質をしっかりとること、そしてリズム運動をすることです。

リズム運動とは、一定のリズムで同じ動きを繰り返す運動のことで、リズム運動をスタートして5分ほどたつと、セロトニンが分泌され始めるといわれています。

もちろん、規則正しいリズムで歩くことも、リズム運動になります。

ですから、起床後すぐに朝散歩をして日光を浴び、リズミカルな運動をすると、セロトニンの合成・分泌が最大限に活発化し、

・体が目覚める
・自律神経のバランスや体内時計が整い、心身の調子が安定し、睡眠の質が高まる
・幸福感が高まり、やる気が出る

といった、さまざまな効果が得られるのです。

しかも、一定時間日光を浴びることで、健康な骨を維持したり、免疫機能を調整したりする働きのあるビタミンDも合成されます。

実際、僕たちにとっても朝散歩の効果は絶大で、朝散歩をした日としない日とでは、集中力やパフォーマンスに格段の違いがあります。

特に、朝に弱く、それまでは起きてから何時間もぼーっとしていたりょうは、朝散歩を始めるようになってからスッキリ目覚められるようになり、散歩から帰ると、すぐに仕事にと

りかかれるようになりました。

朝散歩のおかげで生活のリズムが整い、睡眠の質が飛躍的に高まったし、メンタルが強くなり、落ち込むことも少なくなりました。

## 自分にとって最適な散歩の仕方を見つけよう

朝散歩のやり方は、「朝起きたらすぐに、15〜30分程度、早足で外を歩くだけ」と、非常にシンプルです。

「いきなり15〜30分早足で歩くのはきつい」という人は10分程度の散歩からスタートしてもかまいません。

体が慣れてきたら、日によって歩く時間を変え、その後の体調をチェックし、自分にとって最適な散歩時間を探してみてください。

なお、以前はリズムをキープするため、スマホで音楽を聴きながら歩いていたのですが、現在は、スマホは家に置いていきます。

最強習慣②でお伝えするように、スマホを持たず散歩に集中することで、瞑想状態を得ることができ、その後のパフォーマンスが高まると感じたからです。

また、僕たちは、朝散歩の際には、必ず公園を歩くようにしています。

これは、自然と触れ合う時間をつくるためです。

『GO WILD 野生の体を取り戻せ！ 科学が教えるトレイルラン、低炭水化物食、マインドフルネス』（ジョン J．レイティ&リチャード・マニング著、野中香方子訳、NHK出版）や『最高の体調』（鈴木祐著、クロスメディア・パブリッシング）など、「現代人が心身の健康を維持するためには、できるだけ自然と触れ合うことが重要である」と指摘している本は数多くあります。

僕たちも、自然の中を散歩すると、効果が1・5倍くらい高まると感じます。

みなさんも、ぜひ公園や野原、川、海などを朝散歩のルートに組み入れ、毎日5分でも10分でもかまいませんから、自然と触れ合う時間をつくってみてください。

最強習慣

2

# メンタルが劇的に強くなる「瞑想」

Point

嫌なことがあっても、「まあいいか」と思える。

注意力が上がり、感情のコントロールも上手に。

悩みや心配ごとが消える。

## 瞑想をすると、
## 集中力がアップし、メンタルが強くなる

次に紹介したい最強習慣は、「瞑想」です。

僕たちは、読書や仕事に疲れたとき、集中力が切れたときには、運動か瞑想のどちらかを必ず行うことにしています。

僕たちの、基本的な瞑想のやり方は、

- 遮光カーテンなどで真っ暗にした部屋に座って目を閉じる
- 5分程度、深くゆっくりとした呼吸を繰り返す
- 呼吸に集中し、雑念が浮かんでも放っておく

と、非常にシンプルですが、呼吸に集中し、「今、ここにいる自分」を見つめ、雑念を捨てることで疲れがリセットされ、頭がスッキリして集中力がアップします。

また、瞑想を始める前よりもメンタルが強くなり、多少嫌なことがあっても「まあ、いいか」と思えるようになりました。

実際、瞑想を一定期間続けると、脳内の、注意力や感情のコントロールを司る「前帯状《ぜんたいじょう》皮質《ひしつ》」という部位や、感情を増幅させる働きがあり、不安やストレスなどの中心にもなっているとされている「扁桃体《へんせんたい》」という部位などの構造が物理的に変わり、集中力や注意力、感情の処理能力が高くなる、といった研究結果も出ているそうです。

## 深い呼吸は脳の働きを活性化し、セロトニンの分泌を促す

瞑想の際に行う深い呼吸にも、心身の調子を整え、集中力やパフォーマンスを高める効果があります。

デスクワークやスマホの使いすぎなどにより、前かがみの姿勢でいることが多い人は、肺を動かす筋肉である横隔膜《おうかくまく》が動きづらくなり、呼吸が浅くなりがちです。

また、忙しすぎる人、悩みや心配ごとを抱えている人も、自律神経のバランスが乱れ、呼

吸が浅くなりがちです。

自律神経とは、意思とは関係なく働き、体の働きを調整している神経のことで、体を活動モードにする交感神経と、休息モードにする副交感神経の二つから成り立っています。

両者はシーソーのようにバランスをとって、胃腸の働きや心臓の動き、代謝《たいしゃ》、体温の調整などを行っているのですが、忙しすぎたり大きなストレスを抱えたりすると、交感神経が優位な状態が続きます。

交感神経が優位になると、筋肉や神経が緊張し、皮膚や粘膜などの血管が収縮し、血糖値や心拍数が上がり、瞳孔《どうこう》が拡大し、消化機能が低下し、呼吸も速く、浅くなります。

これらはいずれも、体を活性化させ、ストレスに対抗するための反応なのですが、交感神経が極端に優位になり、副交感神経への切り替えがうまくいかず緊張状態が続くと、眠れなくなる、疲れがとれにくくなる、下痢《げり》や便秘、冷えや肩こり、頭痛が起こりやすくなる、免疫力が低下するなど、心身にさまざまなトラブルが生じます。

そして、呼吸が浅いと、体内に取り込む酸素の量が不足するため、

・酸素を利用してエネルギーを作り出す、細胞内のミトコンドリアに、十分な酸素が届かなくなり、疲れやだるさを感じやすくなる
・脳が酸欠状態になり、脳の働きが低下する

といったことも起こります。

一方で、深い呼吸は、気持ちを安定させるセロトニンの分泌を促し、副交感神経を優位にします。
そのため、瞑想をし深い呼吸を行うと、心身がリラックスして穏やかになり、ストレスが軽減され、自律神経の乱れや浅い呼吸がもたらすさまざまなトラブルが解消され、脳の働きもよくなるのです。

ただ、浅い呼吸が癖になっている場合、いざ深い呼吸をしようとしても、最初のうちはうまくできないことがあります。

そのような人は、一度、肺の中の空気を全部吐き出してみてください。

肺の中の空気がなくなれば、体は自然と、たくさんの酸素を取り込もうとします。

一日に5分でも、意識的に「肺の中の空気を全部吐き出し、その分、たくさんの空気を吸う」という呼吸をすることで、徐々に深くゆっくりとした呼吸ができるようになるはずです。

## メソッドを組み合わせ、相乗効果を狙う

ところで、みなさんの中には、「たとえ5分でも、瞑想だけの時間をとるのは難しい」という人もいるかもしれません。

そのような人は、朝散歩や仕事の合間のランニングでも、食事でも、部屋の掃除や皿洗いのような日常的な家事でも、**何でもかまいませんから、一つのことに、ただひたすら集中してみてください。**

座禅を組んだり、わざわざ瞑想の時間をとったりしなくても、日々の中で一つのことだけに集中する時間を持つことで、瞑想状態に自分を置くことができます。

これまでの経験から、僕たちは、3日に1回、10分だけでもそうした時間を持つことで、

集中力は１・５倍くらいになり、毎日そうした時間を持つことで、２倍くらいには高まると感じています。

ちなみに、たけみは、「朝散歩瞑想」「ランニング瞑想」「食事瞑想」に加え、よく「サウナ瞑想」を行っています。

これは、サウナに入りながら瞑想をするというもので、『医者が教えるサウナの教科書』（加藤容崇著、ダイヤモンド社）を読んだときに思いついたものです。

加藤さんは、この本の中で、サウナに入って心身の状態が「ととのう」理由について、次のように書いています。

「サウナに入ると、熱くて、色々なことを考える余裕がありません。サウナは１００度近い超高温であり、世界で一番暑い場所です。人体にとっては、いつもとはまったく違う危機的な環境です。そのため、人体は、サウナの環境に対応できるように集中し、余計なことを考えなくなります」

サウナに入っているときのこうした状態は、瞑想によって「今、ここ」に集中しているときとかなり近いものがあります。

ただ、サウナと瞑想を別々にやると、どうしても時間がかかります。

それなら、2つを組み合わせたら、時間が短縮できるし、効果も倍増するのではないかと考え、サウナ瞑想を始めたのですが、実際にやってみると、通常の瞑想以上に頭がスッキリすると感じています。

サウナに入ると、発汗したり心拍数が上がったりするため、「汗をかいてきたな」「ドキドキしていたな」といった具合に、自分の体の変化に意識を向けることで、より瞑想状態に入りやすいという良さもあります。

みなさんも、本を読み、実践したいメソッドがいくつか見つかったら、ぜひそれらを組み合わせ、**相乗効果**を狙ってみてください。

最強習慣

# 3

# 短時間で集中力、生産性を回復させる「リセット運動」

Point

運動こそが脳を活性化させる。

作業と運動の繰り返しが、最適な自分をキープ。

時間を自由に操れるようになる!

## 運動は健康を維持するうえで最強の薬

最強習慣の3つめは「リセット運動」です。

第1章の読書術③で、読書や仕事に疲れたときや集中力が切れたとき、「5分間のランニング」が疲労や集中力を回復するうえでもっとも効果的だとお伝えしましたが、運動に、脳の機能やパフォーマンスを高める効果があることは、数々の専門家によって明らかにされています。

たとえば、59ページで紹介した『一流の頭脳』の著者は、次のように書いています。

「脳の機能を高めるには戦略的に運動をするほうが、パズルや脳トレよりはるかに効果があることを、研究成果がはっきりと証明している。驚いたことに、脳は頭を働かせようとするより、身体を動かすことでこそ威力を発揮する器官らしいのだ」

また、『脳を鍛えるには運動しかない！　最新科学でわかった脳細胞の増やし方』（ジョンJ．レイティ＆エリック・ヘイガーマン著、野中香方子訳、NHK出版）という本には、次のように書かれています。

「ここまでくれば、運動が三つのレベルで学習を助けていることは十分おわかりいただけたと思う。まず、気持ちがよくなり、頭がすっきりし、注意力が高まり、やる気が出てくる。つぎに、新しい情報を記録する細胞レベルでの基盤としてニューロンどうしの結びつきを準備し、促進する。そして三つ目に、海馬の幹細胞から新しいニューロンが成長するのを促す」

仕事に疲れてきても、運動すれば、リフレッシュされて頭が働くようになります。

僕たちの体感でいくと、午前中の集中力やパフォーマンスのレベルを10だとすると、午後にはどうしても4～5くらいに落ちてしまうのですが、運動をすることで、7～8くらいまで回復させることができます。

僕たちが毎日、必ず運動の時間を確保しているのは、健康を維持するうえでも、集中力とパフォーマンスを高めるうえでも、メンタルを強くし幸福感を得るうえでも、運動が一番だということを、実践と検証によって確信しているからです。

今では、運動しないと仕事にならないと言ってもよいくらい、運動は集中力や意志力を回復させるための強力な武器になっています。

## 作業と運動の繰り返しで集中力をキープする

たとえば、たけみの一日のタイムスケジュールは、だいたい184ページの図のような感じになります。

だいたい、一つの作業時間が2～3時間。

疲れてきたな、集中力が切れてきたなと感じたら、そこでリセット運動を入れて回復をはかります。

18時からは、作業をする日も、読書などの趣味にあてることもあるのですが、いずれにせよ、17時からの運動③は必ず行います。

「ダラダラ休むのではなく、運動をしたほうが、逆に疲れがとれる」というこの方法は、「アクティブ・レスト」（積極的な休憩）といわれていますが、たけみ自身、その効果を実感し

## たけみの一日のタイムスケジュール

| | |
|---|---|
| 7時 | 起床、朝散歩 |
| ↓ | |
| 8時～ | 作業① |
| ↓ | |
| 11時～ | 運動①（筋トレ） |
| ↓ | |
| 12時～ | 作業② |
| ↓ | |
| 14時～ | 運動②（筋トレ） |
| ↓ | |
| 15時～ | 作業③ |
| ↓ | |
| 17時～ | 運動③（ランニング） |
| ↓ | |
| 18時～ | 読書など（作業④を入れることもある）、食事 |
| ↓ | |
| 20時～ | 夜（睡眠前）の儀式 |
| ↓ | |
| 22時～ | 就寝 |

ています。

やる気や意志力が回復してくるため、疲れたまま読書などをするよりも、運動をしたほうが、その後でより元気に趣味を楽しむことができますし、一度運動を挟んだほうが、夜、体をしっかり休めることができ、翌日のパフォーマンスが明らかに高まります。

**平日のアフター5を楽しみたい人、翌日に疲れを残したくない人は、ぜひ自分に合った運動方法や運動量を探しつつ、アクティブ・レストを実践してみてください。**

仕事の終わりに運動をするのは面倒だと感じるかもしれませんが、いざやってみると、時間を有意義に使うことができるので、絶対に「実践して良かった」と思っていただけるはずです。

ただ、就寝前の運動はおすすめしません。

交感神経が優位になってしまい、睡眠の質が悪くなるからです。

また、いろいろと試した結果、心拍数を上げる10分程度のランニングが、回復効果はもっとも高いのですが、効果が2〜3時間程度しかもたず、後で疲労感に襲われることが多いため、最後の運動タイムで行うようにしています。

一方で、筋トレをやりすぎると、体が壊れた筋繊維の修復にエネルギーを使うようになり、より多くの睡眠時間が必要になってしまうので、筋トレも、長くて1回あたり15分程度にとどめるようにしています。

**大事なのは実践すること、**
**自分にとっての最適を見つけること、継続すること**

集中力やパフォーマンスを重視すると、たけみの場合、運動によるリセット効果は、高いほうから、

1位　ランニング
2位　筋トレ
3位　ウォーキング

ですが、メンタルを強くする効果がもっとも高い（落ち込みにくくなる）のは筋トレだと感じています。

このように、どの運動をどのくらいの量行うのがベストなのかは、人によっても目的によっても異なります。

日々の生活にリセット運動を採り入れる場合は、ウォーキングが合うのか筋トレが合うのかランニングが合うのか、どの運動を何分やればもっとも回復効果が高いかを自分で実践し、試行錯誤して見極めるようにしてください。

せっかくパフォーマンスを上げるために運動を始めても、いきなりハードなことをして疲れ果て、パフォーマンスが落ちてしまっては本末転倒です。

たとえば、これまであまり運動をしてこなかった人なら、10分程度の朝散歩をしてみるなど、無理なくできる範囲でスタートしましょう。

その後、徐々に運動の種類や時間、回数を増やし、どのくらいの運動をすれば自分がもっとも集中して仕事や勉強などに取り組めるのか、検証してみてください。

運動に限らず、どのメソッドでも大事なのは、とにかく実践すること、自分にとっての最適を見つけること、そして継続することなのです。

最強習慣

# 4

# 健康を維持し、幸福度を高める「究極の食事」

Point

食事の回数は一日に1回。

「白い炭水化物」は食べない。

体にいいものを食べるのは長期的な投資である。

## 僕たちがたどりついた、「究極の食事」のルール

最強習慣の4つめは「究極の食事」です。

いうまでもありませんが、食事はすべての基本です。

人の体は、食べたものから得た栄養で構成されており、何をどのように食べるかによって、健康でいられるかどうか、高いパフォーマンスを発揮できるかどうかが決まります。

そして、食べるものが変われば、体はもちろん、心も脳も変わります。

すでにお伝えしたように、子どもの頃から心身の不調に悩まされ、何年も寝たきりに近い生活を送っていたたけみは、自炊をし、食事の内容を改善することで、不調を克服し、健康になるための足がかりを得ました。

これまで僕たちは、**「健康を維持し、よりパフォーマンスを高めることができる、自分たちにとっての究極の食事」**を見つけるため、おびただしい数の本を読み、メソッドを実践し、検証を重ねてきました。

その結果、たどりついたのが、

・食事の回数は、基本的には一日1食にする
・「白い炭水化物」は食べない

というルールです。

**一日1食で、眠気やだるさを遠ざけ、疲れにくい体に**

一つめのルールは「食事の回数は、基本的には一日1食にする」ことです。

最近、16時間断食がブームになっていますが、僕たちは基本的に一日1食で、夕食しか食べていません。

ほぼ24時間断食です。

僕たちが一日1食の生活を送るようになったのは、2年ほど前からです。

そもそもは、学生時代に、医学部の授業で「摂取カロリーを30%カットしたアカゲザルの

ほうが長生きした」という実験の話を聞いたのをきっかけに「少食」に興味を持ち、まずは「朝は食べず、昼食と夕食の2食とる」という一日2食の生活を始めました。

しかし、当時は午前中に1時間作業するでも疲れを感じていましたし、昼食をとった後は眠くなったりだるくなったりして、あまり仕事に集中できませんでした。

その後、

『「空腹」こそ最強のクスリ』（青木厚著、アスコム）

『トロント最高の医師が教える　世界最強のファスティング』（ジェイソン・ファン著、多賀谷正子訳、CCCメディアハウス）

『SWITCH　オートファジーで手に入れる究極の健康長寿』（ジェームズ・W・クレメント&クリスティン・ロバーグ著、児島修訳、日経BP）

など、さまざまな本を読み、実践・検証を行った結果、昼食もカットするようになったのですが、一日1食の生活を送るようになってから、圧倒的に疲れにくくなりました。

また、一日1食にすると、夕食が楽しみになり、おいしさもより感じられるようになりました。

## 一日1食が、集中力を高め、健康にもいい理由

現代人は全体的に、食べすぎの傾向にあるそうです。

食べすぎると、内臓が疲れて働きが悪くなり、体内に老廃物《ろうはいぶつ》がたまったり、腸内環境が悪化して免疫力が低下したり、過剰な栄養が脂肪に蓄えられ、太りやすくなったり、細胞を錆《さ》びさせる活性酸素が増えたりします。

つきすぎた内臓脂肪からは、血糖値や血圧を上げたり、慢性炎症状態を引き起こしたりする悪玉ホルモンが分泌されるため、食べすぎは、疲れやだるさ、消化不良の原因になるだけでなく、糖尿病や脳出血、心筋梗塞《こうそく》、がんなど、生活習慣病にかかるリスクも高めます。

しかし、空腹の時間を作ると、内臓を休めることができますし、外からエネルギー源が入ってこなくなるため、体は脂肪を燃焼させ、エネルギーとして使うようになります。

また、それまで消化に回っていた血液が脳に回るようになるため、ぼーっとしたり眠く

なったりすることがなくなり、集中力が高まります。

ちなみに、最後にものを食べてから16時間ほどたつと、細胞内の古くなったたんぱく質が新しく作り替えられる「オートファジー」という仕組みが働くようになります。

オートファジーには、生活習慣病やアルツハイマー型認知症、感染症などの予防効果や、肌や筋肉などの老化防止効果があり、活性酸素の量も低下します。

断食には、集中力を高め脳のパフォーマンスを向上させるだけでなく、細胞を若返らせ、心身の不調や病気を遠ざける効果もあり、ダイエットにも有効なのです。

なお、一日1食にしてからも、僕たちは昼間にしばしばナッツ類を食べたりはしています。そうしたものをうまく利用したほうが、楽に断食ができるのではないかと思います。

## 「白い炭水化物」は、集中力低下の原因になる

二つめのルールは「『白い炭水化物』は食べない」ことです。

僕たちはこれまで、

『シリコンバレー式　自分を変える最強の食事』（デイヴ・アスプリー著、栗原百代訳、ダイヤモンド社）
『HEAD STRONG シリコンバレー式頭がよくなる全技術』（デイヴ・アスプリー著、栗原百代訳、ダイヤモンド社）
『世界一シンプルで科学的に証明された究極の食事』（津川友介著、東洋経済新報社）
『医者が教える食事術 最強の教科書』（牧田善二著、ダイヤモンド社）

など、たくさんの「食事法」に関する本を読んできましたが、その多くが糖質を制限することを推奨しています。

現代人は糖質をとりすぎており、それが心身にさまざまなダメージを与えています。

特に、精製された白米や小麦粉、砂糖などの「白い炭水化物」から得られる糖質（ブドウ糖）は、体内での吸収が早く、血糖値が短時間のうちに急上昇します。

すると、体はあわてて、血糖値を調整する働きを持つ「インスリン」というホルモンを、すい臓から大量に分泌します。

その結果、今度は血糖値が急激に下がり、眠くなったりだるくなったりするのです。

食事法に書かれているこうした記述を読み、実践・検証を重ねた結果、僕たちも「糖質は制限するべきである」という結論に達しました。

**白米やパンなどの「白い炭水化物」は長い間食べておらず、玄米や全粒粉《ぜんりゅうこ》などの「茶色い炭水化物」やサツマイモを時々食べる程度です。**

食事の回数を減らしたことに加え、白い炭水化物をとらなくなったことも、集中力と生産力の向上につながっていると感じています。

## 自炊をして、体にいいものを食べるのは「長期的な投資」

なお、僕たちは、一日1回の食事を、毎回自分で作っています。

日本にいるときは、つきあいで外食することもあったのですが、海外に移住してからは、そうした機会もほとんどなくなりました。

本当に健康になりたければ、自炊をする以外の選択肢はありません。

現在、お店で食べるものや、スーパーやコンビニで売っているものは添加物だらけで、体に悪い油などもふんだんに使われています。

スーパーやコンビニなどで買うものについては、成分表示を見れば、何が入っているかある程度把握することができますが、外食の場合、どんな食材を使われているかを知ることはできません。

そして、肉であれ魚であれ野菜であれ、多くの外食産業で使われている食材には、食べものというより工業製品といったほうがいいものがたくさんあるのです。

具体的なことが知りたい人は、ぜひ、

『「安い食べ物」には何かがある』（南清貴著、三笠書房）
『行ってはいけない外食』（南清貴著、三笠書房）
『食品の裏側』（安部司著、東洋経済新報社）
『医者が教える　あなたを殺す食事　生かす食事』（内海聡著、フォレスト出版）

などを読んでみてください。

自炊をするのは、たしかに面倒で時間もかかります。

体にいい食材を選べばお金もかかりますが、食事にしっかりと投資することによって、健康が維持され、生産性や集中力が高まることを考えれば、こんなに効率の良い投資はありません。

ちなみに、僕たちがいつも食べているのは、ブロッコリー、ネギ、キャベツ、キノコ、アスパラガス、パプリカなど、農家直送の無農薬野菜セットを使い、ガーリックパウダー、シナモンなどのスパイスや天然塩で味つけした野菜炒めと、放牧卵を使った卵料理です。

ブルーベリーなどのフルーツもよく食べます。

さらに、たけみは、野菜炒めにグラスフェッドの牛肉やラム肉を混ぜたり、いわしの缶詰や、サツマイモもしくは玄米で作られたパスタを食べたりすることもあります。

一方、りょうは、鶏肉やオーガニックサーモンなどを焼いて食べることが多く、食後にはほぼ必ず、カゼインフリー&グラスフェットのプレーンヨーグルトに、適度にはちみつをかけて食べています。

サツマイモやオートミールを少量とることもあります。

なお、油はエキストラバージンオイル、亜麻仁《あまに》油、クルミ油、グラスフェットギー、グラスフェットバターなどを使用。

買い置きの野菜は、栄養価が落ちないよう冷凍保存しています。

また、二人とも、できるだけ低温で調理を行うようにしています。

特に脂質は、高温で調理すると酸化しやすく、たんぱく質と糖質を同時に加熱すると、動脈硬化、心筋梗塞、脳血管障害や認知症などの病気や、老化の原因になるＡＧＥ(Advanced Glycation Endproducts、終末糖化産物)が発生するからです。

ただ、「一切外食はしない」「体に悪い食材は一切食べない」など、あまりストイックになりすぎると、人によっては、すぐに息切れしてしまったり、人間関係に支障が生じたりすることもあるでしょう。

「会社の同僚や取引先、仲の良い友だちなどと外食するときは、あまり気にせずに食べる」など、やはり自分自身にとっての最適ルールを見つけるようにしましょう。

## 1万冊を読んでわかった、とったほうがよい食品・避けたほうがよい食品

### とったほうがよい主な食品

- 緑の葉物野菜、アブラナ科の野菜（ビタミンや食物繊維が豊富）
- 天然のシーフード、脂肪の多い魚（青魚中心。たんぱく質や良い脂質がとれる。大型魚は水銀が多いので小魚を食べる）
- グラスフェッドの牛肉やラム肉、ジビエ、放牧卵（たんぱく質や良い脂質がとれる）
- カカオ含有率70%以上のハイカカオチョコレート（カカオポリフェノールが多く含まれ、食物繊維も豊富）
- フルーツ（ビタミンが豊富。特に、ブルーベリー、クランベリー、ブラックベリーなどのベリー類にはポリフェノールが多く含まれる）
- プロバイオティクス（乳酸菌やビフィズス菌など。サプリもあり。整腸、腸内の感染予防、免疫力回復などの効果がある）
- プレバイオティクス（オリゴ糖、一部の食物繊維など。サプリもあり。乳酸菌・ビフィズス菌の増殖促進、整腸、ミネラル吸収促進、炎症性腸疾患の予防・改善などの効果がある）

### 避けたほうがよい主な食品

- 精製された糖質、糖類を含む食品と飲みもの（特に、砂糖たっぷりの清涼飲料水やフルーツジュース。フルーツを丸ごと食べるのはOK）
- 白い炭水化物（白米、白いパン、パスタ、ラーメンなど。できるだけ、玄米、そば、全粒粉のパンなどの茶色い炭水化物に置き換える）
- 小麦粉（小麦粉に多く含まれるグルテンは消化・排出されにくく、腸の粘膜に炎症を引き起こし、アレルギーなどの原因になりやすい）
- 加工食品、ジャンクフード、ファストフード
- 質の悪い油（サラダ油、サフラワー油、ひまわり油、コーン油、酸化した油など）
- 食品添加物

最強習慣

# 5

# 人生の質を決定する「究極の睡眠」

Point

寝る前はスマホ、タブレットに触らない。

深部体温を下げ、眠りやすくする。

睡眠の質が変われば、翌日の質も変わる。

## 睡眠こそが人生の質を決定する

最強習慣のラストは「究極の睡眠」です。

**質の良い睡眠をとることができるかどうかは、心身の状態を左右し、パフォーマンスにも大きく影響します。**

『SLEEP　最高の脳と身体をつくる睡眠の技術』（ショーン・スティーブンソン著、花塚恵訳、ダイヤモンド社）の著者は、

「良質な睡眠をとると、免疫系が強化され、ホルモンバランスが安定し、新陳代謝が促進される。身体のエネルギーが増加し、脳の働きも改善される。睡眠を適切にとらない限り、自らが求める肉体や人生を手にすることはできない。絶対に不可能だ」

と述べていますし、『スタンフォード式　最高の睡眠』（西野精治著、サンマーク出版）の著者

は、

「仕事を含めた日中のパフォーマンスは、睡眠にかかっている。夜な夜な訪れる人生の3分の1の時間が、残りの3分の2も決めるのだ」

と書いています。

しかし、一方で、

「夜、なかなか寝つけない」
「眠りが浅く、夜中に何度も目が覚めてしまう」
「朝、すっきりと起きられない」
「ちゃんと寝たはずなのに、なかなか疲れがとれない」

など、睡眠に関する悩みを抱えている人は少なくありません。

フジ医療器という日本のメーカーが、全国の20歳以上の男女6457人を対象に実施し、2021年2月に発表した「第8回　睡眠に関する調査」によると、「睡眠に不満はありますか？」という問いに「ある」と答えた人は、なんと94・8%。
ちなみに、この調査は2011年から行われていますが、過去の結果を見ると、睡眠に不満を抱えている人の割合は、一度も9割を下回っていません。

実はたけみも、長い間、「睡眠の質の悪さ」に悩まされてきた一人です。
特に、大学に入る前は、

体調が悪く、横になるしかない
←
しんどくて、ちゃんと眠ることができない
←
昼間ずっと横になっていたので、夜になってもなかなか眠くならず、熟睡もできない

という地獄のようなサイクルを繰り返しており、ほぼ寝たきりに近い状態なのに、睡眠の

質は最悪で、疲れがとれず、体調は悪化する一方でした。

そのため、食事を改善し、活動できる時間が増え始めてからは、睡眠に関する本を読みあさり、質の良い睡眠を得るためのメソッドを片っ端から実践・検証していきました。

## 規則正しい生活が、質の良い睡眠の大前提

質の良い睡眠を得るためには、規則正しい生活を送ることが何よりも大事です。

それによって体内時計が整えられ、「毎日決まった時間に、自然と眠くなる」状態ができあがるからです。

ちなみに、僕たちは二人とも、だいたい毎日、7時頃には起き、22時頃には寝ています。

また、起きたらすぐに日光を浴びながら散歩をしますが、朝散歩に、「体内時計を整える」「質の良い睡眠を促す『メラトニン』の原料である、セロトニンの合成が活発化する」

といった効果があるのは、最強習慣①でお伝えした通りです。

そのうえで、たけみは毎日、寝る2時間前に、必ず以下の「夜（睡眠前）の儀式」を行っています。

・スマホやタブレットなどのデバイスを、タイマーつきの金庫に入れる
・照明を落とし、ブルーライトカット眼鏡をかける
・好きな本を読みながら、ゆっくり炭酸風呂につかる
・睡眠用の音楽をかけ、アロマオイルを焚き、スキンケア、ヘアケアを行う
・眠気が来たら、すぐに布団に入る

もちろん、これらの儀式の一つひとつに目的や効果がありますが、そもそも、毎日、寝る120分前に、必ず同じ儀式を行うこと自体に意味があります。

それによって、脳や体が「そろそろ眠る準備を始めるのだ」と察知し、自然に「活動モード」から「休息モード」へと切り替わるからです。

## 寝る120分前からは、スマホやタブレットを一切触らない

では、睡眠前の儀式それぞれの目的や効果について、詳しくお話ししましょう。

まず、スマホやタブレットなどをタイマーつきの金庫に入れるのも、ブルーライトカットの眼鏡をかけるのも、ブルーライトが目に入らないようにするためです。

テレビやパソコン、スマホやタブレットなどの画面が発するブルーライトは僕たちが思っている以上に強い光を発しています。

暗くなり、眠りにつくはずの時間帯にブルーライトを浴びると、体内時計に狂いが生じます。

そして、本来なら、夜に睡眠を促す働きをするメラトニンの分泌が抑制されたり、日中に分泌されるべき「コルチゾール」というホルモンの生成が促されたり、といったことが起こってしまうのです。

さらに、パソコンやスマホや、タブレットでネットを見たりSNSをチェックしたりすると、脳内にドーパミンが分泌されます。

質の高い睡眠をとるためには、少しずつ脳や体を落ち着かせ、休息モードに移行する必要がありますが、ドーパミンは逆に、気持ちを高揚《こうよう》させ、意識を覚醒《かくせい》させてしまいます。

このように、パソコンやスマホ、タブレットなどは、脳や体が眠りにつくための準備の妨げにしかなりません。

ですから、寝る120分前にはパソコンの電源を落とし、スマホやタブレットに触れない状態をつくったほうがいいのです。

## 深部体温を下げ、眠りに入りやすい状態をつくる

また、寝る120分前に炭酸風呂につかるのは、深部《しんぶ》体温に変化をつけるためです。

深部体温とは、内臓など体の内部の体温のことです。

深部体温は、朝、目が覚める頃から少しずつ上昇し、脳や体が活発に動いている日中は高

い状態を維持し、夜になると徐々に低くなります。

こうした深部体温の変化にはメラトニンが関わっており、人間には、深部体温が下がると眠くなる仕組みが備わっています。

そもそも睡眠とは、昼間の活動によって疲れた脳や体をクールダウンさせ、休ませるためのものだからです。

**この仕組みを利用し、眠りに入りやすくするために行うのが、「寝る120分前の入浴」です。**

体温よりも高い温度のお湯につかると、いったん深部体温が上がりますが、風呂から出た後は少しずつ下がっていきます。

それに伴って、眠気が誘発されるわけです。

さらに、血流を良くする効果のある炭酸風呂に入り、リラックスすると、体は徐々に交感神経優位の状態から、副交感神経優位の状態へと移行します。

副交感神経が優位になると、やはり眠気が誘発されるようになります。

ちなみに、入浴中に好きな本を読んだり、睡眠用の音楽をかけたり、アロマオイルを焚いたり、スキンケアやヘアケアをしたりするのも、心身をリラックスさせ、副交感神経優位な状態にもっていくためです。

睡眠に対して、ずっと「苦手意識」を抱いていたたけみですが、これらの儀式を行うようになってから、寝つきがよくなり、睡眠の質も飛躍的に改善されました。

毎朝、起きた瞬間から頭がスッキリしており、パフォーマンスの向上にもつながっていると感じています。

もちろん、これらの儀式を全部行う必要はありませんが、もし気になるものがあれば、みなさんもぜひ実践してみてください。

最強習慣

# 6

# 自分だけの最強習慣を見つけ、日常を少しずつ変えていく

Point

本を実践することで
自分にあった習慣を見つけよう。

日常が変わり、豊かに快適に過ごせる。

「読む」だけで終わりにしない読書術で
人生が変わる！

## もう細かい読書術はいらない

この章でご紹介した、僕たちの「5つの最強習慣」は、いずれも、一冊の本だけに基づいたものではありません。

食事なら食事、睡眠なら睡眠に関して複数の本を読み、内容を比較検討し、さらに、気になったメソッドを片っ端から実践し、記録し、検証する。

そうしたことを繰り返し、**「今の自分たちにもっとも合う方法」**を見つけ出したのです。

また、より効果を高めるために、「朝散歩」と「自然とのふれ合い」、「瞑想」と「サウナ」など、まったく異なる本に書かれていたメソッドを組み合わせたりもしています。

読書を通して、何か一つでも「課題を解決し、人生を変えるようなメソッド」を見つけ出し、その効果を実感できると、本を読むことも、本に書かれている内容を実践することも、どんどん楽しくなります。

「もっと効果を高めることはできないだろうか」「ほかに、役に立ちそうなメソッドはないだろうか」「もっといろいろなことを試したい」「もっと人生を変えていきたい」という思いが芽生え、いろいろな本を読み、行動に移したくなります。

「どんどん本を読み、レコーディング読書を実践し、自分に合うメソッドを生活に採り込んでいく」というサイクルが出来上がるのです。

そうなると、第1章でお伝えしたような読書術は、もう意識する必要がありません。

## 「『読む』だけで終わりにしない読書術」で人生の満足度を高めよう

もしみなさんが、僕たちと同じように「本を読み、メソッドを実践し、記録・検証し、効果を実感する」という体験を、少しでも早くしたい、味わいたいと思っているなら、たとえば、この章で紹介した本の中からもっとも気になるものを一冊選び、必要な箇所を読み、メソッドを実践してみてください。

朝散歩でも、瞑想でも、リセット運動でも、食事でも、睡眠でもかまいません。

ここで紹介した本は自信をもっておすすめできますし、そこに書かれているメソッドを実践すれば、効果を感じていただけるはずです。

そして、きっと、**「『読む』だけで終わりにしてしまう読書」**が、どれほどもったいないかがわかっていただけるはずです。

僕たちは、「知らない世界を知る」読書も好きですが、「今の自分にプラス1をする読書」「一歩前に進むための読書」も大好きです。

**「『読む』だけで終わりにしない読書術」で得られるのは、日常を少しだけ豊かに、快適にする方法です。**

でも、何らかの目的を達成するためにメソッドを実践し、効果を実感し、幸福感を得る。それらが少しずつ積み重なっていくことで、人生の満足度は確実に上がっていき、いつしか「なりたい自分」を引き寄せることができます。

みなさんもぜひ、「『読む』だけで終わりにしない読書術」によって、日常が、人生が少しずつ変わっていくことを実感してください。

# 第4章

# 1万冊の中から選んだ、僕たちの人生を変えた最強の3冊

最強の3冊

# 1

# 人生を変える「最強の本」を見つけよう

## 1万冊から選んだ最強の3冊を大公開！

この章では、1万冊以上の本を読んできた中でもっとも印象に残っている本、人生や考え方が変わるきっかけになった本などを、たけみとりょうが3冊ずつご紹介します。

それぞれが選んだ本は、以下の通りです。

〈たけみが選んだ最強の3冊〉

・『幸福優位7つの法則　仕事も人生も充実させるハーバード式最新成功理論』

・『トロント最高の医師が教える　世界最新の太らないカラダ』

・『GO　WILD　野生の体を取り戻せ！　科学が教えるトレイルラン、低炭水化物食、マインドフルネス』

〈りょうが選んだ最強の3冊〉

・『正義の教室　善く生きるための哲学入門』

・『LIFESPAN　老いなき世界』

・『読書について』

いずれも学びの多い、素晴らしい本ばかりです。

なぜその本を選んだのか、その本のどこに惹かれたのかも書いてありますので、僕たちの解説を読んで、気になる本があったら、ぜひみなさんも読んでみてください。

もしかしたらそれが、あなたの人生をも変える一冊になるかもしれません。

## 本は、もっとも安価で頼りになる、人生の道先案内人

「こんな自分になりたい」「こんな人生を歩みたい」「こんな課題を解決したい」といった、自分の潜在的な欲求や目標などを明らかにしたり、実現させたりするにあたって、もっとも安価で、もっとも頼りになるのが、本であり、読書という体験です。

第2章でもお話ししたように、テレビの情報は、録画でもしていなければ、繰り返しみることができません。

ネットの情報は、それが正確なものかどうか、保証してくれる人が誰もいません。

スクールやセミナーに通ったりすると、それなりに費用や時間がかかります。

その点、本は、「出版社」という企業の存在や著者の実績が信頼性をある程度担保してくれていますし、一冊の中に、課題を解決するためのメソッドやその裏づけとなるデータなどがすべて書かれており、いつでも気が向いたときに読み返すことができます。

1500円前後のお金と、少しの時間を投資するだけで、いつでも自分で自由にメソッドを選ぶことができ、納得したうえで実践できるのは、本だけなのです。

僕たちは、読書という体験を通して、自分の中に眠る、漠然とした課題や希望をクリアにし、それを解決し実現するためのメソッドを実践して、初めて自分自身の力で前に進むことができます。

本当に自分がやりたいこと、本当の趣味嗜好、本当の目的、目標を明らかにし、本当の自分に近づくこと。

それこそが、人生を豊かにする第一歩です。

みなさんもぜひ、人生を変える「最強の本」を見つけてください。

最強の3冊

# 2

# たけみが選んだ最強の3冊

## 『幸福優位７つの法則　仕事も人生も充実させるハーバード式最新成功理論』
（ショーン・エイカー著、高橋由紀子訳、徳間書店）

『幸福優位７つの法則』は、ハーバード大学の人気講師によって書かれた「ポジティブ心理学」の本です。

著者はコンサルティング会社を立ち上げ、成功と幸福の関係についての研究を行いながら、世界中で講演やレクチャーを行っており、この本で紹介されているメソッドは、グーグル社やコカ・コーラ社、ＩＢＭ社などで採用され、大きな効果を上げたそうです。

この本が僕に教えてくれたのは、「マインドの重要性」です。

多くの人は、幸せは努力を重ね成功を手に入れたときに感じられるものだと思っています。

しかし、実はその順番は逆であり、

「幸せは『成功に先行する』のであり、単なる『成功の結果』ではない。幸福感や楽観主義は、実際に業績を高め優れた成果をもたらす」

と著者は書いています。

そして、「マインドが、なぜ、いかに現実に影響を及ぼすのか」が、さまざまな実例やデータと共に非常に具体的に説明されています。

僕は以前、「気の持ちようが大事」「考え方次第でどうにかなる」といった言葉を、どこか胡散臭《うさんくさ》く信用ならないものだと感じていました。

原因不明の心身の不調に悩まされ、寝たきり状態だった頃、周りの人たちからよく、そうしたことを言われるたびに、心の中で「気の持ちようでどうにかなるなら、苦労しない」「無責任なことを言うな」と思っていたからです。

**しかし、この本を読んでから考えが変わり、日常の中で積極的に「ポジティブなこと」を探すようになりました。**

出来事自体は変わらなくても、出来事に対する解釈は変えることができます。

たとえば、望まない部署に配属になったとしても、「つまらない」「面白くない」ととらえるか、「新しいことを学び、体験するチャンスだ」ととらえるかで、その後の行動は大きく変わってきますし、行動が変われば結果も変わってきます。

おかげで、ポジティブなことを見つけたり、物事をポジティブに解釈したりするのが得意になり、日常生活の中で幸福を感じることが多くなりました。

失敗を、単なる失敗だととらえなくなったので、何事にも前向きに、積極的に取り組めるようになり、それが仕事の生産性にも大きく影響していると感じています。

この本は僕にとっての「マインドの教科書」であり、今でもしばしば読み返しています。

## 『トロント最高の医師が教える　世界最新の太らないカラダ』
## （ジェイソン・ファン著、多賀谷正子訳、サンマーク出版）

『トロント最高の医師が教える　世界最新の太らないカラダ』は、タイトル通り、カナダのトロント出身の医師によって書かれ、アメリカで大ベストセラーとなった減量本です。

著者は、減量と2型糖尿病の治療のためのファスティングを臨床現場に採り入れた第一人者であり、自身のクリニックでは食生活の改善による治療に力を入れているそうです。

「本書はこれまでの〝やせる書物〟の中でも、群を抜いたボリュームになっているだろう。これには理由がある。それは、体重が増えたり減ったりするメカニズムを、最新の医学研究の成果を根拠としてしっかりと示したうえで、『本当にやせるための具体策』をお伝えするためだ」

とまえがきに書かれていますが、実際、この本は分厚い医学の教科書並みに骨太な内容で、人が太るメカニズムや、過去のさまざまなダイエット方法の嘘、太らない体の作り方などが、おびただしい数の論文をもとに詳しく解説されています。

人によっては難解だと感じるかもしれません。

ただ、主目的は「肥満の解消」ですが、この本に書かれているのは「健康な体になるための食事法」であり、肥満に悩んでいる人であれそうでない人であれ、得るものの大きい一冊ではないかと思います。

「脂肪は決して悪いものではなく、とり方によっては減量効果を促進することもある」など、それまで知らなかったことがたくさん書かれていて、非常に勉強になりました。

僕の現在の食生活は、この本を参考にしている部分がたくさんあります。

今のところ、肥満と無縁でいるのも、この本のおかげかもしれません。

世の中には、たくさんの「食事と健康」に関する書籍がありますが、この本は、現時点では、その集大成であるといってもいいと、僕は思います。

**『GO WILD　野生の体を取り戻せ！　科学が教えるトレイルラン、低炭水化物食、マインドフルネス』（ジョン J・レイティ＆リチャード・マニング著、野中香方子訳、NHK出版）**

『GO WILD』は医師（ハーバード大学医学大学院の准教授）によって書かれた、一種の健康本ですが、そこに「進化論」を絡めている点にユニークさがあります。

著者は現代人の生き方、生活のあり方を「進化」の観点からとらえ、なぜ現代人が生活習慣病やうつ病などに悩まされているのかを説明し、そうした悩みを遠ざけ、健康や幸せな生活を手に入れるには、自然に近い生き方をすることが重要だと述べています。

この本は僕にさまざまな気づきを与えてくれました。

進化論について書かれている部分も興味深かったのですが、特に印象的だったのは、「バイオフィリア」（生物や自然への愛情）について書かれた章の冒頭の、「バイオフィリアに留意して生きれば、より幸せになれるはずだ。生物や自然へのこの愛情には、人工的なものへの愛着とは違う何かがあり、それが私たちを健康な状態に導いている」という一文です。

たしかに、科学技術によって生み出されたものを手にしたときのワクワクする気持ちと、美しい自然を見たときの感動や、自然に触れたときのホッとする気持ちは、大きく異なっているように感じます。

**それはもしかしたら、「ドーパミン的な幸せ」と「セロトニン的な幸せ」の違いなのかもしれません。**

今、僕が日々の生活の中で、自然に触れることや自然に近い食事をすること、自然の中で体を動かすことを重視しているのも、この本の影響がかなり強いです。

そしてもう一つ、本文の最後に書かれている、次の文章にも、非常に感銘を受けました。

「筆者は長年にわたってトレイルを歩き、人生について多くを学んできた。進む道を見つけること自体が学びだった。これは自然界で学ぶことの本質であり、それを完全に理解するには森に分け入り、道を見失い、自分の進む道、自分に合うトレイルを見つける必要がある」

僕は、この言葉は、レコーディング読書における「実践」「記録」「検証」にも通じるものがあると思っています。

ただ本を読むだけでは、幸せをつかむことも、苦しみから逃れることもできません。

本に書かれていることを実践し、自分の体がどう反応しているかを記録し、検証し、改善を繰り返す。

それが、与えられた知識を生かす唯一の方法です。

また、よく「科学的に正しい」といいますが、科学は万能ではありません。

今、科学的に正しいとされていることも、明日には変わっているかもしれませんし、すべての人、すべてのケースにあてはまるとも限りません。

たとえば、難しい病気に対し、エビデンスのある、科学的に正しい治療を行えば、一定の確率で効果を期待できますが、誰でも確実に治るわけではありません。

「エビデンスのない治療よりも効果が大きい可能性がある」だけなのです。

ですから、本に書かれていること、「科学的に正しい」とされていることも鵜呑みにせず、**実際に自分でやってみて、効果を測定し、自分に合っているかどうかを自分自身でチェックする姿勢を、常に持ち続ける。**

それこそが、本当の意味で科学的に生きるということだと、僕は思っています。

# 3

# りょうが選んだ最強の3冊

## 『正義の教室　善く生きるための哲学入門』（飲茶著、ダイヤモンド社）

『正義の教室　善く生きるための哲学入門』は、哲学や科学などについてわかりやすく解説したブログ『飲茶な日々――史上最強の哲学日記』が人気を博している飲茶さんが書かれたもので、ソクラテス、プラトン、ベンサム、ニーチェ、フーコーなどの哲学思想が、ストーリー形式で紹介されています。

私立高校の生徒会長を務める男子生徒が、倫理の授業で学ぶ哲学思想や、生徒会で繰り広げられる議論を通して、「正義」とは何かを自分なりに考えていくという構成は、哲学に触れたことがない人にはとっつきやすく、哲学をある程度知っている人も、各思想をより身近なものとして感じることができるはずです。

僕は、子どもの頃から哲学に興味を持っていました。

哲学の入門書や解説書、原典など何冊も読んできましたが、その中でもこの本の著者である飲茶さんのブログは昔から楽しく読んでいました。

そのため、哲学思想について、概要はひと通り知っているつもりでいましたが、この本を読んで、あらためて腑《ふ》に落ちたことや気づかされたことがたくさんありました。

たとえば、

「人間が持つ3種類の『正義の判断基準』、それは『平等、自由、宗教』の3つだ。（中略）世界を見渡せば、『平等』を尊重する国、『自由』を尊重する国、『宗教』を尊重する国の3種類があって、それぞれが自国の正義を訴えて、いがみ合っている」

という一文にはハッとしました。

哲学の魅力は「情報が古くならない」点にあると僕は思っています。

健康やお金、ビジネスなどに関する情報は、日々アップデートされていくため、昔の情報の価値はすぐになくなってしまいますが、人の悩みや社会が抱える問題、哲学思想は普遍的なものであり、根本的な部分は時間がたっても変わりません。

過去の思想が、今、僕たちが直面している悩みや問題を考えるうえでも十分に通用することが、この本を読むとわかります。

また、哲学は悩みや問題に対して「正解」を出すものではありません。思想同士はしばしば対立しますが、見方を変えれば、「どちらも正しい」と思えるものばかりです。

たとえば、舞台となっている高校では、いじめによる生徒の自殺をきっかけに、学校中に監視カメラが設置されています。

それは、最大多数の最大幸福を追求する功利主義の考え方からすると「正義」ですが、自由と平等を追求する自由主義の考え方からすると「正義」ではありません。

そして、僕は、哲学のそんな点にも魅力を感じます。

人は誰も、正解がわからない中で、「ああでもない」「こうでもない」と思い悩み、答えを模索しながら、その時の自分にとって正しいと思えるものを選択して生きていくしかないからです。

この本の主人公も、最終的に、

「正義とは何か？　善いとは何か？　やはり僕にはわからない。でも、それは固定化された、いつでも、どこでも、誰にでも通じる、普遍的な善や正義が僕にはわからないという話であって、『今この瞬間、僕が正しいと思うもの、善いと思うもの』は確実に存在する」

という結論に至ります。

哲学はあくまでも、考えを深めるための材料を提示してくれるだけですが、「今の自分に合う思想はどれだろう」「この問題の根底にあるのはどのような思想だろう」と考えることで、人は現時点での自分を見つめ直したり、個人や社会のさまざまな問題の本質を、自分なりにとらえたりすることができます。

それは、この社会を、この人生を自分らしく生きていくうえで、とても大事なことではないかと、僕は思います。

『LIFESPAN　老いなき世界』
（デビッド・A・シンクレア著＆マシュー・D・ラプラント著、梶山あゆみ訳、東洋経済新報社）

『ＬＩＦＥＳＰＡＮ　老いなき世界』は、ハーバード大学医学大学院で遺伝学の教授を務め、長寿研究の第一人者である著者によって書かれた世界的なベストセラーで、最先端の科学によって解明された老化のメカニズムや、いつまでも若く健康でいるための方法、健康寿命が延びることで、社会やビジネスのあり方はどのように変化するか、といったことが記されています。

この本の中で紹介されている「今すぐにできる、健康寿命を延ばすための方法」自体は、「間欠《かんけつ》的断食や運動、寒さに身をさらすことなどによって、体に適度なストレスを与え、長寿遺伝子を活性化させる」「老化を早めるタバコや有害な化学物質、放射線などに気をつける」など、王道のものがメインであり、実践できるメソッドはそれほど多くないのですが、最新の研究によってわかったことが書かれていて、情報量が多く、説得力があります。

また、

「死を先へ先へと追いやれる時代は遠からぬところまで来ている。（中略）長い健康寿命を謳歌できる人生はすでに射程圏内に入っている」

といった著者の強い言葉には、「今後、本当に誰もが120歳まで生きられる未来がくるかもしれない」と感じさせられます。

世の中には数多くの健康本がありますが、現時点で、**健康を維持することへのモチベーションをもっとも引き出してくれる本**だといえるでしょう。

非常に分厚く、人によっては難解だと感じる部分もあるかもしれませんが、巻末に掲載されている、遺伝子関連の「用語集」も含め、勉強になること、参考になることがたくさんあり、これからの時代を生きていくための基礎的な教養として、抑えておいたほうが良い一冊だと僕は思います。

## 『読書について』(ショウペンハウエル著、斎藤忍随訳、岩波文庫)

『読書について』は、『意志と表象としての世界』などの著書で知られ、「世界は自我の表象である」「その根底にはたらく盲目的な生存意志は、絶えず満たされない欲望を追求する。そのため人生は苦になる」と説いた、19世紀前半のドイツの哲学者・ショウペンハウエルによって書かれた「読書術」です。

ショウペンハウエルは、若いうちはなかなか評価されませんでしたが、晩年の著作『余禄と補遺』がベストセラーとなり、ようやく世間から認められるようになりました。『読書について』は、その『余禄と補遺』の一節です。

今から約170年も前の著作であり、実践的ではないかもしれませんが、ここに書かれている内容は、現代にも通じることばかりです。

たとえば、『読書について』の中で、ショウペンハウエルは次のように述べています。

「良書を読むための条件は、悪書を読まぬことである。人生は短く、時間と力には限りがある」

「多読すればするほど、読まれたものは精神の中に、真の跡をとどめないのである。つまり精神は、たくさんのことを次々と重ねて書いた黒板のようになるのである」

「何か一つのことを知り、一つの真理をものにするといっても、それを他のさまざまの知識や真理と結合し比較する必要があり、この手続きを経て初めて、自分自身の知識が完全な意味で獲得され、その知識を自由に駆使することができる」
「読書と同じように単なる経験もあまり思索の補いにはなりえない。単なる経験と思索の関係は、食べることと消化し同化することの関係に等しい」

僕が『読書について』を初めて読んだのは、中学生のときでした。

図書館にある本を適当に読んでいく中で、たまたま見つけたのですが、当時、乱読気味だった僕は、ショウペンハウエルのこうした言葉に衝撃を受け、「もう少し、一冊一冊を大事に読まなければ」と反省しました。

**手当たり次第に何でも読むのではなく、読むべき本をきちんと選ぶこと。**

一冊の本だけを盲信するのではなく、複数の本に書かれている内容を比較検討して、自分なりの答えを探すこと。

知識や情報を得て満足するのではなく、それをきちんと実践し、生活や人生に生かすこと。

『読書について』から学んだ、これらの考え方は、今でも僕が本と向き合うときの指針になっていますし、たけみと出会ってから始めたレコーディング読書にも通じるものがあると思っています。

今は、ネットで、さまざまな情報を無料で入手することができます。

しかしそのような時代だからこそ、「価値あるものを、何度も繰り返し読んだ方がいい」というショウペンハウエルの主張が、心に響きます。

自分にとって本当に価値のある情報だけを、お金を払ってでも手に入れ、大事にし、自分の生活や人生を変えていくために活用する。

僕自身、これからもそうした姿勢を貫いていきたいし、みなさんにもぜひ、そんな読書体験をしていただきたいと思っています。

# 「読む」だけで終わりにしない読書術

## 1万冊を読んでわかった本当に人生を変える方法

発行日　2021年12月 8日　第1刷
発行日　2021年12月29日　第2刷

**著者**　本要約チャンネル

**本書プロジェクトチーム**
**編集統括**　柿内尚文
**編集担当**　栗田亘
**デザイン**　小口翔平、奈良岡菜摘、畑中茜（tobuhune）
**編集協力**　村本篤信
**校正**　東京出版サービスセンター
**DTP**　廣瀬梨江

**営業統括**　丸山敏生
**営業推進**　増尾友裕、綱脇愛、大原桂子、桐山敦子、矢部愛、高坂美智子、寺内未来子
**販売促進**　池田孝一郎、石井耕平、熊切絵理、菊山清佳、吉村寿美子、矢橋寛子、遠藤真知子、森田真紀、高垣知子、氏家和佳子
**プロモーション**　山田美恵、藤野茉友、林屋成一郎

**編集**　小林英史、村上芳子、大住兼正、菊地貴広
**講演・マネジメント事業**　斎藤和佳、志水公美
**メディア開発**　池田剛、中山景、中村悟志、長野太介
**管理部**　八木宏之、早坂裕子、生越こずえ、名児耶美咲、金井昭彦
**マネジメント**　坂下毅
**発行人**　高橋克佳

発行所　株式会社アスコム

〒105-0003
東京都港区西新橋2-23-1　3東洋海事ビル
編集局　TEL：03-5425-6627
営業局　TEL：03-5425-6626　FAX：03-5425-6770

印刷・製本　中央精版印刷株式会社

©Honyoyakuchannel　　株式会社アスコム
Printed in Japan ISBN 978-4-7762-1172-3

本書は著作権上の保護を受けています。本書の一部あるいは全部について、
株式会社アスコムから文書による許諾を得ずに、いかなる方法によっても
無断で複写することは禁じられています。

落丁本、乱丁本は、お手数ですが小社営業局までお送りください。
送料小社負担によりお取り替えいたします。定価はカバーに表示しています。